Bernd Imgrund

111 deutsche Wirtshäuser, die man gesehen haben muss

emons:

Bibliografische Information der Deutschen Nationalbibliothek
Die Deutsche Nationalbibliothek verzeichnet diese Publikation in der Deutschen Nationalbibliografie; detaillierte bibliografische Daten sind im Internet über http://dnb.d-nb.de abrufbar.
www.emons-verlag.de

Gestaltung: Barbara Thoben / Lübbeke Naumann Thoben
Covermotiv: iStockphoto / Plainview
Kartografie: Ursula Baaser
Druck und Bindung: B.O.S.S Druck und Medien GmbH, Goch
Printed in Germany 2013
ISBN 978-3-95451-080-1
Originalausgabe

Vorwort

Kennen Sie jenen Berliner Tresen, an dem schon Zille zechte und zeichnete? Haben Sie je eine Goslarer Gose genossen, jenes ganz spezielle Bier, das auf Milchsäuregärung basiert? Und wussten Sie schon, dass es am Rhein eine Kneipe gibt, die ihrem Gründer ein Brunnendenkmal gesetzt hat?

Es sind Fragen wie diese, die im Folgenden beantwortet werden. Dieses Buch nimmt den Leser mit auf eine Reise vom Frühschoppen bis zum Zapfenstreich, eine Reise zu 111 deutschen Traditions-Wirtshäusern. Was hat der Würzburger Stachel mit den Bauernaufständen von 1525 zu tun? Warum steht in Büsum ein Restaurant, das komplett mit Muscheln tapeziert wurde? Und wie kam es zum pisawürdigen Schiefstand der Hamburger Oberhafen-Kantine?

So verschieden die Landstriche, so unterschiedlich auch die Kneipenkultur. Wo der Bayer mit großen Humpen hantiert, setzt der Kölner auf schmale »Reagenzgläser«. Die einen mögen's ober-, die anderen lieber untergärig – aber Hauptsache, es bimmelt. Und während man hier von Wirtshaus, Gasthof oder Weinstube spricht, geht's dort in die Kneipe, Pinte oder womöglich sogar in die Kaschemme. Bis auf einige wenige Landgasthöfe sind in dieser Sammlung ausschließlich Gasthäuser aus großen und weniger großen Städten versammelt. Naturgemäß ist es für ein Haus schwerer, in der Stadt zu überleben als auf dem Land. Denn dort herrscht größerer Konkurrenzdruck und Platzmangel, und dort fielen im Krieg auch mehr Bomben als in dünner besiedelten Gegenden. Deshalb verdienen historische urbane Gaststätten besondere Beachtung, zumal sie nicht selten im ältesten Profangebäude am Platz residieren. Ihre Geschichte ist eng verknüpft mit der ihrer Stadt, und sie erzählt zugleich so manche Schrulle über deren Bewohner. Sei es ein uralter Tresen, der schwere, abgenutzte Stammtisch oder die dort seit Urzeiten kursierenden Anekdoten: Hier findet man Erzählstoff, der es wert ist, aufgeschrieben zu werden.

111 Wirtshäuser

1 ___ Am Knipp | Aachen
Die Spur des Blausteins | 10

2 ___ Bierhalle | Aalen
Schubart, Frankenfeld und der Wasser-Christian | 12

3 ___ Gasthaus Gesecus | Altenburg
Der 31. Mann | 14

4 ___ Bäck-Schwarz | Altensteig
Ein Traum in Braun und Gelb | 16

5 ___ Maierbräu | Altomünster
Trinken wie vor 80 Jahren | 18

6 ___ Braustüberl | Andechs
Die Bierprofis vom Heiligen Berg | 20

7 ___ Zur Ewigen Lampe | Aurich
Shanty-Chor und Kugelfisch | 22

8 ___ Laterne | Baden-Baden
Ein bunter Tupfer zwischen weißer Kur-Architektur | 24

9 ___ Schlenkerla | Bamberg
Ab dem zweiten hängt man dran | 26

10 ___ Alter Bierhof | Bautzen
Eine Terrasse mit Wasserkunst | 28

11 ___ Die Mulackritze | Berlin
Charlotte von Mahlsdorf sei Dank | 30

12 ___ Zur Letzten Instanz | Berlin
Die älteste Kneipe der Hauptstadt | 32

13 ___ Ständige Vertretung (StäV) | Berlin
Die Rheinische Republik im Exil | 34

14 ___ Gaststätte Vahle | Bielefeld
Der findige Bäcker vom Westend | 36

15 ___ Altes Brauhaus Rietkötter | Bochum
Ein Kleinod im Ruhrpott | 38

16 ___ Em Höttche | Bonn
Rustikal statt Rokoko | 40

17 ___ Zu den vier Linden | Braunschweig
Kohl für Kohle | 42

18 ___ Ratskeller | Bremen
Schlanke Säulen, dicke Fässer | 44

19 ____ Kolles Alter Muschelsaal | Büsum
Die Loreley von der Nordsee | 46

20 ____ Abthaus | Buxtehude
Zuflucht und Zerstreuung | 48

21 ____ Haus Oe | Castrop-Rauxel
Nicht »in«, sondern »auf« | 50

22 ____ Ratskeller | Chemnitz
Blattgoldsäulen und Gewölbedecken | 52

23 ____ Café Altmarkt·Melde-Keller | Cottbus
Wollhändler, Steindrucker, Gastronom | 54

24 ____ Weinhaus Bockshaut | Darmstadt
Karl Valentin und der Datterich | 56

25 ____ Haus Wagener | Dortmund
Frikadellen und feuchte Bierdeckel | 58

26 ____ Radeberger Spezialausschank | Dresden
Die Dampfschifffahrt und das Bier | 60

27 ____ Der Uerige | Düsseldorf
Ein Brauhaus-Puzzle am Rhein | 62

28 ____ Burgschenke | Eisenach
Gastro im Gadem | 64

29 ____ Drei Kronen | Emden
Ein Hauch von Venedig | 66

30 ____ Wirtshaus Christoffel | Erfurt
Schwarzbiersoße und Wikingerblut | 68

31 ____ Der Huber | Ering
… und die 150 Jahre alte Tischkegelbahn | 70

32 ____ Die Ampütte | Essen
Eine geballte Ladung Ruhrgebiet | 72

33 ____ Apfelwein Solzer | Frankfurt am Main
Beim Bernemer Bacchus | 74

34 ____ Schreiber-Heyne | Frankfurt am Main
Rosas alte Apfelweinloge | 76

35 ____ Pfeffersack | Freiberg
Speis und Trank im Oberbergbauamt | 78

36 ____ Löwen | Freiburg
»Udo was here« | 80

37 ____ Schlappen | Freiburg
Plakate, Whisky und ein Spiegelpissoir | 82

38 ____ Dachsbau | Fulda
Kneipenzoo und Zauberfass | 84

39 ____ Zum Löwen | Gießen
Eine italienische Reise | 86

40 ____ Der Kleine Heinrich | Glückstadt
Duck di! | 88

41 ____ Restaurant Schwibbogen | Görlitz
Gotik in Niederschlesien | 90

42 ____ Die Butterhanne | Goslar
L.m.a.A. | 92

43 ____ Weinschänke | Gotha
Schäferei, Gesang und Müßiggang | 94

44 ____ Junkernschänke | Göttingen
Eine »wüste Stelle« | 96

45 ____ Klosterschenke Eldena | Greifswald
Ruinenromantik und Gasthausgeschichte | 98

46 ____ Zur Linde | Gütersloh
Ein schmuckes Schmugglerstück | 100

47 ____ Oberhafen-Kantine | Hamburg
Das schiefe Haus am Kai | 102

48 ____ Zum Silbersack | Hamburg
Hans, Hilde, Freddy und die anderen | 104

49 ____ Rattenkrug | Hameln
Bayernbier und Weserrenaissance | 106

50 ____ Broyhan-Haus | Hannover
Der Bier-Sommelier und die Brauergilde | 108

51 ____ Weinloch | Heidelberg
Düsterbraun und geheimnisvoll | 110

52 ____ Haus Wenzel | Herne
Kumpel, Karten, Kuli | 112

53 ____ Gaststätte Daniel | Ingolstadt
Frankenstein im Frankenstädtchen | 114

54 ____ Roter Hirsch | Jena
Geschützt vorm Palisadenschutz | 116

55 ____ Spinnrädl | Kaiserslautern
Barbarossa an der Lauter | 118

56 ____ Zum Bundschuh | Karlsruhe
Joss Fritz und der Weihwassersprenger | 120

57 ____ Lohmann | Kassel
Auferstanden aus Ruinen | 122

58 ____ Kieler Brauerei | Kiel
Naturtrüb in der Klose | 124

59 ____ Weinhaus Hubertus | Koblenz
Sonnenschein den Schoppenstechern | 126

60 ____ Früh em Veedel | Köln
Gesund im Invalidendom | 128

61 ____ Lommerzheim | Köln
Krosse Koteletts am Lommi-Brunnen | 130

62 ____ Der Pfohl | Konstanz
… oder: Die Weinstube zum Küfer Fritz | 132

63 ____ Brauhaus Wienges | Krefeld
Alt, Obergärig, Krefelder | 134

64 ____ Hohes Haus | Krummhörn
Wo einst das Geld des Häuptlings floss | 136

65 ____ Auerbachs Keller | Leipzig
Wo einst das Pack sich traf | 138

66 ____ Die Gosenschenke »Ohne Bedenken« | Leipzig
Milchsäure in der Biedermeier-Bierstube | 140

67 ____ Weinstube Frey | Lindau
Eine altdeutsche Stube am Bodensee | 142

68 ____ Restauration Fritz Römer | Lindlar
Stein für Stein, Stuhl für Stuhl, Stück für Stück | 144

69 ____ Alte Posthalterei | Lingen
Unterm weiten Walmdach | 146

70 ____ Schiffergesellschaft | Lübeck
Gelage auf und aus Eichenplanken | 148

71 ____ Der Reidemeister | Lüdenscheid
Die Schmiede und der Drahtstapel | 150

72 ____ Mälzer Brau- und Tafelhaus | Lüneburg
Pils statt Pillen | 152

73 ____ Weinhaus Bluhm | Mainz
16 Finnen brachten die Wende | 154

74 ____ Hemmlein | Mannheim
Eine Speisegaststätte vom alten Schlag | 156

75 ____ Die Salzscheuer | Marbach
Wo Passion vor Profit geht | 158

76 ____ Zur Sonne | Marburg
Thesen, Märchen und andere Geschichten | 160

77 ____ Schwerter Schankhaus | Meißen
Bier statt Backwerk | 162

78 ____ Zum Riesen | Miltenberg
Richard, Hans und Elvis | 164

79 ____ St. Vith | Mönchengladbach
Kirche, Kneipe, Kreuz und Korn | 166

80 ____ Die Schatulle | Mülheim
Mölmsch reden, Mölmsch trinken | 168

81 ____ Augustiner | München
Bierpalast und Großgaststätte | 170

82 ____ Fraunhofer | München
Bierzäpflerey statt Brodhäusl | 172

83 ____ Pinkus Müller | Münster
Carl und die Gaslaterne | 174

84 ____ Zum Gulden Stern | Nürnberg
Buchenholz und Saure Zipfel | 176

85 ____ Distel | Oberhausen
Schottisch, irisch, kohlenpöttisch | 178

86 ____ Klinkerburg | Oldenburg
Stil und Jugendstil | 180

87 ____ Alte Gaststätte Holling | Osnabrück
Lottoscheine, Lebensmittel und Likör | 182

88 ____ Die Heilig-Geist-Stiftschenke | Passau
Das Bischofszimmer und ein uralter Stammtisch | 184

89 ____ Zum Fliegenden Holländer | Potsdam
Niederländer Swan, Berliner Kindl | 186

90 ____ Brauhaus Lüdde | Quedlinburg
Fassbier von der Straße | 188

91 ____ Die Wurstkuchl | Regensburg
Fast Food seit über 800 Jahren | 190

92 ____ Zur Kogge | Rostock
Im Windjammer-Himmel | 192

93 ____ Zur Höll | Rothenburg ob der Tauber
Von der Burggasse ins Mauerverlies | 194

94 ____ Zum Adler | Saarbrücken
Espresso, Crêpes, Schnecken und Pastis | 196

95 ____ Goldener Adler | Schwäbisch Hall
Zwischen Brandmauer und St. Michael | 198

96 ____ Weinhaus Wöhler | Schwerin
Schoppen in der Schelfstadt | 200

97 ____ Herberge zum Löwen | Seelbach
Kapaune seit 1231 | 202

98 ____ Der Röhrl | Sinzing
365 Jahre, 11 Generationen | 204

99 ____ Gasthof zum Schwan | Sommerach
Vater, Sohn und Heiliger Geist | 206

100 ____ Zum Löwen | Staufen im Breisgau
Im Labor des Dr. Faustus | 208

101 ____ Zur grünen Laterne | Stendal
»Niemands Gesell bleib fern dieser Schwell« | 210

102 ____ Zur Fähre | Stralsund
Bewahren ist schöner als Erneuern | 212

103 ____ Zur Kiste | Stuttgart
Päb das Viertele schlotzen | 214

104 ____ Zur Glocke | Trier
»Der Bürger Wohl ist Höchstes mir« | 216

105 ____ Das Mayerhöfle | Tübingen
Wo sich Gôgen und Gelehrte Guten Tag sagen | 218

106 ____ Zunfthaus der Schiffleute | Ulm
Molfenter, Hägele, Käßbohrer und Hailbronner | 220

107 ____ Zum Schwarzen Bären | Weimar
»Tut Geld in euren Beutel« | 222

108 ____ Der Eimer | Wiesbaden
Alles andere als »beschissen« | 224

109 ____ Alter Schwede | Wismar
Backsteingotik an der Ostsee | 226

110 ____ Hoffmann-Haus | Wolfsburg
»Summ, summ, summ …« | 228

111 ____ Zum Stachel | Würzburg
Morgenstern und Widerstand | 230

Karten | 232

1 Am Knipp

Die Spur des Blausteins

Aachens bedeutendster Kunstschatz, keine Frage, ist der Karlsschrein. Die Gebeine des großen Kaisers locken alljährlich zahllose Touristen in die Grenzstadt. Gewisse museale Aspekte sind aber auch dem Knipp, Aachens ältester Gaststätte, nicht abzusprechen. Sofort ins Auge fallen die glanzpolierten Wein- und Bierkannen unter der Decke. Gearbeitet aus Messing, Kupfer und Zinn, stammen sie zum Teil aus dem 17. Jahrhundert. An Backförmchen erinnern die schablonierten Bretter neben dem Durchgang zur Couvenstube. Sehr treffend, dieser Vergleich, handelt es sich doch dabei um sogenannte Modeln, in denen die berühmten Aachener Printen geformt wurden. Dass all diese Sammlerstücke eine Wand aus Delfter Kacheln schmücken, verstärkt noch den repräsentativen Eindruck.

Vom Dom zum Knipp führt eine Spur, und zwar die des Blausteins. Der grauschwarze Kalkstein entstand vor rund 350 Millionen Jahren und wurde südöstlich von Aachen im Hohen Venn abgebaut. In der Kaiserstadt trifft man an allen Ecken auf dieses Material. So besteht unter anderem der Sockel der Domchorhalle aus Blaustein und ebenso der Boden des Knipp. Zusammen mit weiteren historischen Fliesen bildet er hier ein sehr ansprechendes Geläuf.

Jenseits aller Detailpracht ist der Knipp jedoch vor allem ein Gasthaus. Dass hier nicht nur lecker gespeist, sondern auch kneipengerecht fabuliert und getrunken wird, garantiert der lange Tresen hinter dem Eingang. Schon 1698 standen am Fuße des Lousbergs die ersten Gäste bei Wein und Bier, und seit 1927 befindet sich das Gebäude im Besitz der Gastronomenfamilie Ramrath. Vom eigenen Braurecht macht man heutzutage keinen Gebrauch mehr. Hinterm Haus, wo früher die Sudkessel dampften, liegt heute ein hübscher Biergarten. Der über 300 Jahre alte Gründungsstein hingegen überstand sogar die Phosphorbomben von 1943. Heute schmückt er samt Eignerinitialen den Türsturz.

Adresse Bergdriesch 3, 52062 Aachen, www.amknipp.de | **ÖPNV** Bus 13 B, 44 bis Haltestelle Driescher Gässchen | **Öffnungszeiten** Mo, Mi–Fr ab 17 Uhr, Sa und So ab 18 Uhr | **Tipp** Zum Dom mit seinem Blausteinsockel spaziert man zehn Minuten.

2 Bierhalle

Schubart, Frankenfeld und der Wasser-Christian

Als die Grünbaum-Brauerei 1686 mit der Produktion von Gerstensaft begann, lag sie genau an jener Stelle gegenüber der Stadtkirche, wo heute die Bierhalle steht. Seinen Namen bekam der Betrieb nach einem seinerzeit berühmten immergrünen »Wunderbaum« im Heuchelbachtal. Das Geheimnis seiner Vitalität: Er wurzelte über einer Thermalquelle.

Mitte des 18. Jahrhunderts soll hier hin und wieder der Aalener Dichter und Komponist Christian Daniel Friedrich Schubart (1739–91) eingekehrt sein, auf den unter anderem der Text des »Forellenquintetts« (von Franz Schubert) zurückgeht. Seit 1916 liegen die Geschicke der Grünbaum-Brauerei in den Händen der Familie Schmid, über die in Aalen so manche Geschichte kursiert. Da gab es etwa den »Wasser-Christian«, so genannt, weil die weihnachtlichen Gratis-Fässer angeblich ein so dünnes Gebräu enthielten, dass man sie lieber auf direktem Weg der Kanalisation zuführte, als sie zunächst zu trinken. Jener Christian Schmid, der von 1945 bis 1967 regierte, stieß sogar einmal einen Stargast vor den Kopf. Als Ende der 50er Jahre der TV-Unterhalter Peter Frankenfeld sein Bier an der Theke orderte, forderte der Wirt ihn auf, zunächst einmal Platz zu nehmen. Das folgende Wortgefecht endete mit dem Rauswurf des berühmten Besuchers.

Heutzutage wird hier niemand mehr des Feldes verwiesen, und das Grünbaum-Bier schmeckt wunderbar voll und frisch. Während die Aalener Fußgängerzone inzwischen von austauschbaren Laden- und Caféketten gesäumt wird, hat sich die Bierhalle den Charme der Frankenfeld-Ära bewahrt. »Grünbaum Bierhalle« steht in altertümlicher Schrift überm Eingang des ockerfarben verputzten Hauses. Und wer dann einmal durch den Windfang hindurch ist, findet sogar den kleinen Tresen wieder, den der Moderator damals gern besetzt hätte. Inzwischen darf man übrigens sein Bier auch getrost genau dort trinken.

Adresse An der Stadtkirche 3, 73430 Aalen | **ÖPNV** Bus 62 bis Haltestelle Kreissparkasse | **Öffnungszeiten** Di–Fr und So ab 11 Uhr, Sa ab 10 Uhr | **Tipp** In Aalen steht eines der bedeutendsten Museen zum römischen Limes (www.limesmuseum.de).

3 Gasthaus Gesecus

Der 31. Mann

Die Gaststätte Gesecus ähnelt einem Wohnzimmer. Einem eher kleinen Wohnzimmer wohlgemerkt, denn mehr als 30 Leute finden hier schwerlich Platz. Aber selbst wenn man der 31. ist, möchte man unbedingt noch mit hinein. Kneipen wie diese sterben aus in Deutschland, die muss man vorher wenigstens mal auf ein paar Bier besuchen. Nichts ist hier wirklich spektakulär, es sei denn, man wundert sich über die seltsam platzierte Zapfanlage. Denn um den wenigen Platz für die Gäste aufzusparen, existiert kein vorgeordneter Tresen. Stattdessen steht der Wirt mit dem Rücken zum Raum und holt sein Bier direkt aus der gekachelten Wand – wie aus einem Wasserhahn. Jenseits seiner Unscheinbarkeit wartet das Gesecus mit Eigenschaften auf, über die viele Edelkneipen eben nicht verfügen: Charakter und Charisma, hier atmet man Geschichte.

Das hübsche Häuschen am Topfmarkt hat mehrere 100 Jahre auf dem Buckel, und seit 1902 dient es als Gaststätte. Genau genommen schrieb man den 2. Juli, als Ida Gesecus hier zum ersten Mal die Pforten öffnete. Die gebürtige Breslauerin übergab den Stab nach 33 Jahren an das jüngste ihrer zwölf Kinder, Alfred. Der blieb seinem Lokal sogar 38 Jahre treu, bevor ihn Sohn Werner ablöste.

Gut 150 Jahre alt ist inzwischen der gusseiserne Ofen neben der hinteren Eckbank. Auch die Wandvertäfelung und der Besteckschrank haben noch jene DDR-Zeiten erlebt, als hier täglich 150 Essen über die Tische gingen. Zwischen 11 und 14 Uhr gaben sich die Altenburger Polizisten, Politiker und Beamten die Klinke in die Hand, um sich den Magen mit echt thüringischen Gerichten zu füllen. Auch heute noch ist das Gesecus in Familienhand – in vierter Generation mittlerweile. Wer also mal nach Altenburg kommt: Hier trinkt es sich ausgesprochen familiär. Und Uroma Ida, auf einem Foto verewigt, kann man bei der Gelegenheit dann auch gleich mal zuprosten.

Adresse Topfmarkt 2, 04600 Altenburg, www.gasthaus-gesecus.de | **ÖPNV** Bus S bis Haltestelle Mühlpforte | **Öffnungszeiten** Mo, Di, Do, Fr 10.30–14.30 und ab 17 Uhr, Mi 10.30–14.30 Uhr | **Tipp** In Altenburg wurde der Skat erfunden, die Geschichte erzählt das Spielkartenmusem (www.residenzschloss-altenburg.de).

4 Bäck-Schwarz

Ein Traum in Braun und Gelb

In alten Wirtshauszeiten waren die Tische lang und schmal, und die Bank lief einmal um den ganzen Raum herum, immer an der Wand entlang. Und genauso sieht es bis heute im Bäck-Schwarz aus. Steil führt die kopfsteingepflasterte Paulusstraße durchs Dorf hinauf, hangabwärts muss dieses Fachwerkhaus also auf ein Bruchsteinfundament vertrauen. Wer in die von niedrigen Fenstern nur matt erhellte Gaststube eintritt, dessen Gang wird automatisch schwerer. Fast fühlt man sich selbst wie einer jener Bauern, die hier schon vor Generationen beieinandersaßen. Die gelbbraune Färbung der Wände erinnert an Tabaksqualm und Bier und harmoniert mit dem Ton der durchweg hölzernen Möbel. Selbst die Geweihe an den Wänden scheinen auf denselben Teint getrimmt zu sein. Hier legen die Wirtsleute offenbar Wert darauf, alles beim Alten zu lassen – und das ist gut so. Vergleichsweise »neu« kommt im Bäck-Schwarz lediglich der – selbstverständlich ebenfalls gelbbraune – Kachelofen daher, an den sich die wärmste Bank des Lokals schmiegt.

»Mir fällt die Decke auf den Kopf«, sagt der Stubenhocker. Auch in der Altensteiger Schänke könnte man auf diesen Gedanken kommen, im wortwörtlichen Sinne allerdings. Die holzverkleidete Decke hängt ordentlich durch, und besonders hoch ist sie ohnehin nicht. Kein Wunder, stammt doch dieses Gebäude aus dem Jahr 1459. Alemannisches Fachwerk und Bohlenständerbauweise kennzeichnen das Äußere. Über dem Eingang erinnert eine Laterne daran, dass es sich hier um eine klassische »Gassenwirtschaft« handelt, die neben Getränken auch kleine Speisen anbietet – Flamm- und Zwiebelkuchen etwa. Oberhalb des Lämpchens wiederum wurde die äußere Putzschicht abgetragen, um das darunterliegende Geflecht aus Weidenhölzern und Lehm zu präsentieren. Denn das ist letztlich jener Stoff, der diese alte Wirtschaftswelt zusammenhält.

Adresse Paulusstraße 19, 72213 Altensteig, www.baeck-schwarz.de | ÖPNV ab Freudenstadt Bus 7938 bis Haltestelle Altensteig/Rathaus | Öffnungszeiten Di–Sa ab 16, So ab 10.30 Uhr | Tipp Sommers öffnet der Biergarten auf der gegenüberliegenden Seite der Paulusgasse.

5 Maierbräu

Trinken wie vor 80 Jahren

Schon die Einrichtung dieses alten bayrischen Gasthofs macht klar: Hier sind wir alle gleich. Im Maierbräu sind einzelne Stühle selten, stattdessen sitzt man gemeinsam auf langen Bänken. Und diese wiederum stehen gleichmäßig hintereinander, ohne Königstisch, der irgendwie optisch bevorzugt würde. Blank gescheuert, wie die Tischplatten sind, verraten sie dennoch ihr Alter. In Altomünster wird seit mindestens 1260 Bier gebraut, damals für die »Taferne« des Klosters. Der Maier- war ursprünglich der Müllerbräu, zurückgehend auf einen Hans Müller, der hier um 1600 begann, sein eigenes Bier zu produzieren. 1649 kam die Familie Magg ans Ruder, aus der vor allem Sohn Josef heraussticht. Der heiratete in erster Ehe Tochter Maria Barbara des örtlichen Konkurrenten Kapplerbräu, in zweiter die Ursula vom Hinterbräu. Tochter Josepha hatte dann wohl genug vom Bier und wurde stattdessen Äbtissin des Altomünsteraner Brigittenklosters. Seit 1886 schließlich steht hier die Familie Maier hinter den Zapfhähnen – in fünfter Generation mittlerweile. Verschiedene historische Werbeplaketten zeugen davon, dass auch sie durchgehend eigenes Bier produzierten.

Der heilige Alto, der dem Dorf seinen Namen gab, war ein Einsiedler. Einsam ist man im Maierbräu jedoch nie. Immerhin steht dieses 1838 errichtete, stattliche Haus direkt am Marktplatz, und seine Gaststube bildet praktisch den Dorfmittelpunkt. Wer sich dort niederlässt, wird in das Jahr 1931 zurückversetzt, damals nämlich erfolgte der letzte Umbau. Die Einrichtung des Maierbräu ist ein Wunder an Homogenität. Neben dem Mobiliar bekam das Braustüberl damals eine neue Wandvertäfelung. Auf dem Streifen zwischen dieser und der Decke durfte sich sodann der Maler Karl Sonner (1889–1970) ausleben. Er schuf einen hübschen Fries mit Szenen des ländlichen Lebens – unter besonderer Berücksichtigung der Gastronomie natürlich.

Adresse Marktplatz 2, 85250 Altomünster, www.maierbraeu.de | ÖPNV von München aus mit der S2 bis Dachau, dann mit der S-Bahn-Linie A nach Altomünster | Öffnungszeiten Mi–Mo ab 9 Uhr | Tipp In der Kirche des St. Alto werden regelmäßig Führungen angeboten (www.kirchenundkapellen.de).

6 Braustüberl

Die Bierprofis vom Heiligen Berg

»Denk daran, dass du heute noch nach Hause fahren musst«, mahnt ein Schild über dem Ausschank. Dass es dort zu Stoßzeiten auch schon mal ein bisschen wilder zugeht, erkennt man am Drängelgitter. Auch Pilger haben Durst, na klar, aber in einer Pilgergaststätte soll es gesittet zugehen.

Die himmlische Tränke hoch überm Ammersee ist Teil der weltberühmten Klosteranlage Andechs. Bierbrauen war früher so alltäglich wie Brotbacken. Und auch jene sieben Benediktiner, die sich hier 1455 niederließen, werden die Kunst des Mälzens und Hopfens beherrscht haben. Dass sich aus dem anfänglichen Brauen für den Eigenbedarf der mittlerweile größte klosterinterne Wirtschaftsbetrieb entwickelte, ist kein Wunder. Denn gegenüber den privaten Hausbrauern waren Klosterbrüder die ersten Profis. Weil sie ihr Wissen zudem schriftlich weitergeben konnten, wuchs ihr Vorsprung umso mehr, sprich: Sie brauten das beste Bier.

Wer sich heute im lang gezogenen Hauptsaal des Braustüberls niederlässt, kann sich von der Qualität der Andechser Humpen überzeugen. Sieben verschiedene Sorten sind inzwischen im Programm, vom hellen Weißbier bis zum dunklen Doppelbock. Der Eintritt in die Moderne begann in Andechs im Jahr 1871 mit der Installation einer ersten Dampfmaschine. Und als 100 Jahre später die Räumlichkeiten im Kloster zu eng wurden, machte man sich mutig an einen Neubau ein wenig unterhalb des »Heiligen Berges«.

Einer alten und weidlich genutzten Tradition der Pilgergaststätten entsprechend darf der müde Wanderer sich seine Brotzeit selbst mitbringen und sie hier auch verzehren. Dem Tagesrhythmus der Klosterbrüder wiederum entspricht, dass die Schankzeiten recht limitiert sind. Sie enden mit der Mönche Nachtgebet um acht. Bis zum Kehraus jedoch sitzt man noch ein gutes Stündchen beisammen und trinkt – nicht das Blut Christi, aber immerhin einen von ihm gesegneten Gerstensaft.

Adresse Bergstraße 2, 82346 Andechs-Erling, www.andechs.de | **ÖPNV** von München per Regionalbahn bis Tutzing, dann Regionalbus 958 bis Haltestelle Kloster Andechs | **Öffnungszeiten** täglich 10–20 Uhr | **Tipp** Selbstverständlich sollte man sich vor dem ersten Humpen die wunderschöne Klosteranlage ansehen.

7 Zur Ewigen Lampe

Shanty-Chor und Kugelfisch

Beinahe geduckt tritt man ein, um direkt links an eine kleine Theke zu gelangen. Drei Tischchen füllen den abgedunkelten Raum, dem man seine seemännische Vergangenheit sofort ansieht. Auch der Name rührt aus dieser Zeit, wurde er der Kneipe doch von einem ausgedienten Marineoffizier verliehen, der hier 1950 das Ruder respektive die Zapfanlage übernommen hatte.

Das Gebäude selbst ist allerdings bedeutend älter. Schon 1391 wird es als »Richthaus« erwähnt, hier wurden Prozesse geführt. Wo heute eine schmale Treppe hoch zur Upkammer führt, ließ sich früher eine Klappe öffnen. Im darunterliegenden Kriechkeller befand sich das spärlich beleuchtete Gefängnis. Bis in die 1990er Jahre hinein hingen hier noch die Handeisen aus den Mauern, an die die Angeklagten bis zum Gerichtstermin gefesselt wurden. Und noch heute sieht man von der Straße her die vergitterten Fensterchen knapp über Bodenniveau.

Die »Schnappe«, wie das Haus von Chronisten genannt wird, wurde schon vor Jahrhunderten auch als Gasthaus genutzt. Man muss wohl davon ausgehen, dass ein Richter in der dünn besiedelten Gegend nicht viel verdiente – er wurde nach Straftaten bezahlt. Also lag es für diesen Berufsstand nah, den Richtraum zweitzuverwerten, sprich: hier eine Gaststätte zu betreiben. Eine erste reine Schankwirtschaft lässt sich dann für das Jahr 1818 nachweisen.

In der Region werden Stuben, deren Souterrain den Keller ersetzt, traditionell als Upkammern bezeichnet. Die »Oberkammer« der Ewigen Lampe ist heute als kleiner Saal eingerichtet. Ihre Wände hängen voller maritimer Erinnerungsstücke, allen voran die Zeitungsberichte und Schallplatten des Auricher Shanty-Chors. Dessen Seemannslieder würde man gern mal wieder hören, die passten prima hierhin. Aber die Herren sind leider seit Jahren inaktiv. Einer ihrer Zeitgenossen hängt jedoch noch immer hier herum: der extrem kugelige Kugelfisch über dem Tresen.

Adresse Hafenstraße 1, 26603 Aurich-Innenstadt | ÖPNV von Emden Bus 451 bis Aurich ZOB | Öffnungszeiten täglich 10.30–14 und ab 17 Uhr | Tipp Mehr über Hafen und Hafenstraße erfährt man im Historischen Museum des Ortes, untergebracht in einem Gebäude aus dem 16. Jahrhundert (www.museum-aurich.de).

8 Laterne

Ein bunter Tupfer zwischen weißer Kur-Architektur

Nach Baden-Baden fährt man normalerweise wegen der Heilquellen oder der Spielbank. Oder wegen beidem. Die Geschichte als Touristenort beginnt bereits mit den Römern, und seitdem fließt natürlich auch Geld in die Stadt. Schon 1507 wurde hier erstmals eine Kurtaxe erhoben, und wer heute durchs noble Zentrum schlendert, passiert einen Haute-Couture-Salon nach dem nächsten. Weil Baden-Baden im Zweiten Weltkrieg weitgehend verschont wurde, trifft man hier noch auf die originale Kur-Architektur des 19. Jahrhunderts: repräsentative Bauten mit dem 1824 eingeweihten Kurhaus als Höhepunkt. Die Gebäude folgen zwar keinem einheitlichen Stil, sind aber alle in hellem, zumeist schlohweißem Ton gehalten. Der Chic, die Noblesse der Straßenzüge mag dadurch noch ein wenig verstärkt werden. Umso auffälliger in diesem Meer von Weiß: ein eher schmales Haus in der Gernsbacher Straße. Die grün gehaltene Fassade wird von goldfarbenen Ornamenten verziert, weiße Fensterumrandungen kontrastieren die roten Schlagläden. Die ebenfalls rote Faltmarkise vor den Fenstern erinnert bereits ein bisschen an das nahe Frankreich auf der anderen Seite des Rheins.

Die »Laterne« setzt sich nicht nur äußerlich, sondern auch altersmäßig von ihren Nachbarn in der Baden-Badener Fußgängerzone ab. Denn hinter dem Putz verbirgt sich eine 300 Jahre alte Fachwerkkonstruktion. Wirklich sichtbar wird die Historie im Innern des Hauses. Dort genießt man die vorwiegend badische Küche unter niedrigen Decken, die von massiven alten Balken gehalten werden. Diese dienen zugleich als Raumtrenner, die dem Gast ermöglichen, sich seine eigene Sitznische zu suchen. Die Wände werden von verschiedenen Küchenutensilien und Kuhglocken, Kuckucksuhren und Holzfiguren geschmückt. Dass bei diesen Accessoires die ein oder andere Laterne nicht fehlen darf, versteht sich von selbst.

Adresse Gernsbacher Straße 10–12, 76530 Baden-Baden-Innenstadt, www.laterne.restaurants-baden-baden.de | ÖPNV Bus 204, 205, 208, 214 bis Haltestelle Leopoldsplatz | Öffnungszeiten täglich ab 11 Uhr | Tipp Die zentrale Lage bietet sich für einen Modebummel an.

9 Schlenkerla

Ab dem zweiten hängt man dran

Wer noch nie in dieser Ecke Deutschlands war, wundert sich: Die Bamberger Brauhäuser entert man stets über einen Flur beziehungsweise Innenhof, der jedoch keineswegs nur dem Betreten der Gaststube dient. Im Gegenteil, viele der Gäste, die hier ihren Humpen trinken, wollen nirgendwo anders hin. Im Flur des Schlenkerla beispielsweise steht sogar ein Tisch, der immer gut frequentiert ist. Als Auswärtiger ist man geneigt zu fragen: Bisschen ungemütlich, so mitten im Besucherstrom, oder? – Aber der Oberfranke sieht das völlig anders. Überhaupt ist hier manches neu für den Reisenden. Eine weitere Eigenart betrifft zum Beispiel den Ausschank: Wer zünftig wie die Einheimischen im Hof trinken möchte, der muss auch dort bestellen. Steht man im Thekenraum, wird man vom Kellner höflich, aber bestimmt wieder nach draußen verwiesen. Dort duckt man sich zur kleinen Luke hinunter und bekommt vom selben Kellner das langersehnte Bier.

Auch über das »Aecht Schlenkerla Rauchbier« muss man ein Wort verlieren, ist es doch mit herkömmlichen Bieren schwerlich vergleichbar. Brennende Buchenholzscheite sorgen beim Darren dafür, dass man beim ersten Schluck glaubt, ein flüssiges Schinkenbrötchen im Mund zu haben. Aber vergleichbar dem irischen Guinness gilt: Das erste Glas schmeckt nie, ab dem zweiten hängt man dran. Wäre dies anders, könnte das Schlenkerla sicher nicht auf solch eine lange Historie verweisen. Die Wurzeln dieses Hauses liegen im 14. Jahrhundert, seit dem 17. wird hier erwiesenermaßen Bier ausgeschenkt. Aus der wechselhaften Wirtsgeschichte ragt der 1877 eingestiegene Andreas Graser heraus. Der war nicht nur als »gutä Bräuä und als Wirt bäkannt«, sondern zudem wegen seines eigenartigen Gangs, der schließlich namensgebend wurde: »Weil er gern mit seina Orm a wengla gschlenkert hot / drum hom‘s ihn Schlenkerla getauft aus Übermut und Spott.«

Adresse Dominikanerstraße 6, 96049 Bamberg, www.schlenkerla.de | ÖPNV Regionalbus 989, 991 bis Haltestelle Schranne, Stadtbus 901, 917 bis Busbahnhof | Öffnungszeiten täglich ab 9.30 Uhr | Tipp Aecht Schlenkerla Rauchbier kann man auch via Internet bestellen (siehe Brauerei-Homepage).

10 Alter Bierhof

Eine Terrasse mit Wasserkunst

Kaiser Karl IV. hatte den Bautzenern im 14. Jahrhundert das »Verbietungsrecht« verliehen. Und das hieß: Innerhalb einer Meile um die Stadt herum durfte kein neuer Bierbrauer den Alteingesessenen Konkurrenz machen. Wer einen dieser bereits vorhandenen »Bierhöfe« übernahm, musste sein altes Handwerk ruhen lassen. Fortan zählte er zu den feineren Bürgern und war in guter Gesellschaft. Für das Jahr 1452 etwa sind in Bautzen 173 Bierhöfe notiert, allein 14 davon befanden sich auf der »Jodengas«, wie die Heringstraße früher hieß. Letztere Bezeichnung taucht erst 1692 in den Büchern auf und rührt von jenen Fischbuden her, die in der Fastenzeit um das ehemalige Franziskanerkloster herum aufgebaut wurden.

In der »Platea Judeorum«, ein noch älterer Name der Straße, wohnten ursprünglich Juden, die im 11. Jahrhundert aus Polen eingewandert waren. Für 1637 ist an der heutigen Stelle des Lokals ein erstes Haus nachgewiesen, und der Besitzer Georg Gramer betrieb bereits einen Bierhof. Nachdem zu Anfang des 18. Jahrhunderts ein Stadtbrand die gesamte Häuserzeile vernichtet hatte, ließ um 1720 ein Strumpffabrikant das Gebäude in seiner heutigen Form wiederaufbauen. An die verheerenden Stadtbrände jener Zeit erinnert im Bierhof ein originaler, rund 250 Jahre alter Löschkorb. Das Gefäß besteht aus engmaschigem, mit Pech verspachteltem Flechtwerk.

Um kein Original handelt es sich hingegen bei der gruseligen, lebensgroßen Figur des »Zechprellers«. Der ausgezehrte Gefangene harmoniert wie die ausgestellten Streitäxte und Morgensterne mit der Mittelalteraffinität der Speisekarte. Die reicht nämlich vom »Zofensalat« über »Des Knappen Gaumenschmaus« bis zum »Rittertopf«. All dies konsumiert man am besten auf der rückwärtigen Terrasse, denn der Blick von dort ist mindestens genauso reizvoll: tief unten die Spree, rechts die Michaeliskirche und links daneben der 42 Meter hohe Turm der alten Wasserkunst.

Adresse Heringstraße 7, 02625 Bautzen, www.alterbierhof.de | **ÖPNV** Bus 1 U bis Haltestelle Kornmarkt | **Öffnungszeiten** täglich ab 11 Uhr | **Tipp** Das Sorbische Museum Bautzen ist das bedeutendste überhaupt zur Geschichte dieses Volksstammes (www.museum.sorben.com).

11 Die Mulackritze

Charlotte von Mahlsdorf sei Dank

Von allen Museumskneipen, die in dieses Buch Aufnahme fanden, erzählt die Mulackritze sicherlich die seltsamsten Geschichten. Einst stand sie entlang der Mulackgasse, einer kleinen Straße im ehemaligen Berliner Scheunenviertel. Das Haus Nummer 15 wurde um 1770 erbaut und diente von Beginn an als Kneipe. Das Scheunen- war ein Rotlichtviertel, und dementsprechend verkehrten in diesem »dollen Laden« schwere Jungs, leichte Mädchen, Homosexuelle, Transvestiten und alle, die in solch einer Atmosphäre aufblühen. Dazu gehörten immer auch die jeweiligen Künstler und Stars ihrer Zeit. Wenn man heute über diesen Tresen von 1890 streicht, schnappt man möglicherweise ein paar übrig gebliebene Atome von Bertolt Brecht, Gustaf Gründgens, Claire Waldoff oder Marlene Dietrich auf – es könnte aber auch schlechter kommen.

In den Jahren 1951/52 schlossen die Berliner Behörden 32 sogenannte »Nutten- und Schwulenkneipen« des Scheunenviertels. »Die Nutten und die Schwulen sind meine liebsten Gäste, denn sie machen keine Randale«, soll Mulack-Wirtin Minna Mahlich daraufhin öffentlich gesagt haben. Die Folge: Entzug der Gewerbeerlaubnis. Kurz vor dem Abriss des Gebäudes 1964 nahte die Rettung – zumindest des Inventars. Charlotte von Mahlsdorf (1928–2002), bekennender Schwuler und Transvestit, hatte vom Untergang des legendären Lokals gehört. Seit 1960 wohnte sie in einem vom Abriss bedrohten Gutshaus in Mahlsdorf, wo sie sich über die Jahre ein wundervoll bestücktes Gründerzeitmuseum einrichtete. Was lag da näher, als die Mulackritze mit allem Drum und Dran ins Museum zu überführen?

Im Hinterzimmer des Schankraums sind übrigens heutzutage die Relikte der ehemaligen »Hurenstube« versammelt, die sich einst im Obergeschoss der Kneipe befand. Neben einigen recht ausgefallenen historischen Sexspielzeugen erschließt sich dem Besucher auch eine ganz neue Bedeutung des Wortes »Hurenbock«.

Adresse Hultschiner Damm 333, 12623 Berlin-Mahlsdorf, www.gruenderzeitmuseum.de | **ÖPNV** S5 bis Haltestelle Mahlsdorf, dann Tram 62 bis Alt-Mahlsdorf | **Öffnungszeiten** Mi und So 10–18 Uhr und nach Vereinbarung (siehe Homepage) | **Tipp** Von Mahlsdorfs Museum enthält neben zahlreichen heraus-ragenden Exponaten diverse prä-elektrische (Kneipen-)Musikanlagen.

12 Zur Letzten Instanz

Die älteste Kneipe der Hauptstadt

Anfang des 20. Jahrhunderts traf sich in der Mulackritze (siehe Seite 30) dasselbe Milieu aus Halbwelt, Künstlern und Möchtegerns wie in der Letzten Instanz. Hier tranken in den 1920ern Heinrich Zille, Charlie Chaplin, die Sozialistin Clara Zetkin und der Maler und Friedensaktivist Otto Nagel ihre Schnäpse. Während das Etablissement an der Mulackstraße das Schicksal in Form der Abrissbirne ereilte, existiert diese älteste Kneipe der Hauptstadt bis heute – wenn auch nicht im Original. Das Haus Nummer 15 war im Krieg stark beschädigt worden. Weil der Ostberliner Magistrat es jedoch unter touristischen Aspekten für wertvoll befand, wurde es ab 1961 entkernt, mit den Nachbarhäusern zusammengeführt und wiederaufgebaut. Fortan diente es als DDR-typische HO-Gaststätte.

Was man heute betritt, ist also letztlich eine Rekonstruktion und im Grunde viel weniger »echt« als die ins Museum gewanderte Mulackritze. Dennoch fühlt man sich beim Eintritt von einer eigentümlichen »altberlinerischen« Atmosphäre umfangen. Das gilt besonders für den Schankraum mit seiner schwarzbraunen Wandvertäfelung, dem über 200 Jahre alten Kachelofen und der reich ornamentierten Jugendstilzapfanlage. Der beliebteste Tisch steht dementsprechend auch direkt zwischen den beiden letzteren Inventarstücken. Hier und in allen folgenden Räumen bis hinauf in die Säle des ersten Stocks lässt sich die wechselhafte Geschichte des Lokals anhand von Fotos und Dokumenten nachverfolgen. Schon Ende des 13. Jahrhunderts entstanden im heutigen »Mitte« die ersten dreigeschossigen Bürgerhäuser. Als Rückwand diente ihnen die mittelalterliche Stadtmauer. 1561 erstmals erwähnt, wurde das Gebäude ab 1621 als Gaststätte genutzt. Nachdem 1715 der Name »Bierstübchen am Glockenspiel« aufkam, orientierte man sich 1924 schließlich am neuen Gerichtsgebäude in der nahen Littenstraße: Die Letzte Instanz war geboren.

Adresse Waisenstraße 14–16, 10179 Berlin-Mitte, www.zurletzteninstanz.de | ÖPNV U2 bis Haltestelle Klosterstraße | Öffnungszeiten Mo–Sa ab 12 Uhr | Tipp Die Letzte Instanz gibt es auch im Film. In dem sowjetischen Spionage-Mehrteiler »Siebzehn Augenblicke des Frühlings« von 1973 heißt sie allerdings »Zum groben Gottlieb«.

13 Ständige Vertretung (StäV)

Die Rheinische Republik im Exil

Es gibt Gastroketten, die bestechen durch ihre Beliebigkeit, durch die lieblose Auswahl des immergleichen Inventars. Mit der Berliner StäV und ihren diversen Filialen ist es jedoch ein bisschen anders. Dieser Laden basiert auf einer nostalgischen Idee, und noch heute folgen die Macher nicht nur ihrem Geldriecher, sondern auch ihrem rheinisch-republikanischen Aufklärungswillen. Jedes einzelne Foto an den Wänden ist mit einer erklärenden Bildunterschrift versehen, in der Zusammenschau informiert dieser Raum wie ein historischer Bildband. Wenn also – kleines Beispiel – hier irgendwo eine Aufnahme von Klaus Bölling hängt, dann erfährt der umherstreifende Gast auch, dass dieser Mann zwischen 1981 und 82 als Ständiger Vertreter der Bundesrepublik in der DDR fungierte.

Zum Hintergrund: Weil der Westen den ostdeutschen Staat nicht als »Ausland« anerkannte, konnten BRD und DDR keine offiziellen Botschaften einrichten. Als wortklauberischer Kompromiss dienten deshalb die Ständigen Vertretungen (StäV) in Bonn beziehungsweise Berlin. 1974 begonnen, endete dieser Unsinn mit der Wiedervereinigung 1990. Tragischerweise bedeutete dieses freudige Ereignis jedoch das Ende der Bonner oder Rheinischen Republik, wie man das westliche Nachkriegsdeutschland getauft hatte. Als die Bonner Gastronomen Harald Grunert und Friedel Drautzburg einsahen, dass alle Proteste gegen den Umzug erfolglos bleiben würden, sattelten sie um. Suchten nach einer passenden Lokalität in der neuen Hauptstadt, tapezierten sie mit Pressefotos und Schnappschüssen aus den Jahren des Kalten Krieges und nannten sie StäV.

Um die Illusion perfekt zu machen, werden in der StäV konsequent Kölschstangen gefüllt und rheinische Gerichte wie Himmel & Ääd serviert. Und dass dieser Laden zudem mit einem lebensgroßen Geißbock aufwartet und den Berliner Karneval anführt, wird nach dem zuvor Gesagten niemanden mehr wundern.

Adresse Schiffbauerdamm 8, 10117 Berlin-Mitte, www.staev.de | **ÖPNV** Die StäV liegt direkt am Bahnhof Friedrichstraße. | **Öffnungszeiten** täglich ab 11 Uhr | **Tipp** Zwischen zwei Kölsch ist man in 15 Minuten am Reichstag.

14 Gaststätte Vahle

Der findige Bäcker vom Westend

August Vahle war gelernter Bäcker, bekannt für sein sogenanntes »Spinstbrot«, das in einem alten Zeitungsausschnitt als »mächtiges Schwarzbrot« beschrieben wird. Als er im Jahr 1866 eine Schankerlaubnis erhielt, war sein Lokal das einzige Haus auf weiter Flur. Statt Verkehr floss ein Bächlein nah vorbei, und über die Theke gingen außer Getränken auch Kolonialwaren und Lebensmittel. Hier oben über der Stadt war für so manchen Bielefelder »die Welt zu Ende«, und deshalb gab Vahle seinem Laden einen entsprechenden Namen: Westend.

Etwas zu essen bekommt man auch heute noch im Vahle. Und dass das Wiener Schnitzel stilecht vom Kalb kommt, deutet darauf hin, dass man in der Küche traditionsbewusst zu Werke geht. Auch der Gastraum hat sich über die Jahrzehnte kaum verändert. Warme Brauntöne dominieren das Karree, das sein Licht durch bleigefasste Fenster mit Braumotiven erhält. Wie eh und je dominiert Kaiser Wilhelm II. mit seiner Pickelhaube die hintere Wand. Die von der Decke baumelnden Kunstvögel turteln mit ihren ausgestopften Kollegen auf den seitlichen Borden, während das hölzerne Schaukelpferd sich am antiken Kachelofen wärmt.

Was sich mit den Zeitläufen änderte, war die Klientel der Wirtschaft. Die ersten Gäste, die August Vahle seinerzeit bediente, waren Bauern aus Dornbach und Werther. Auf dem Weg zum Bielefelder Markt nahmen sie hier die ein oder andere Stärkung zu sich: Reiffsches Bier und Klarer aus Steinhagen. Der Wirt, offenbar ein früher Marketingfachmann, wusste, wie man an Kundschaft kommt. Den Bauern organisierte er eine Ausspanne für ihre Pferde, und für seine Gäste aus Uerentrup ließ er sogar eigens einen Privatweg anlegen. Von seinen Gewinnen bebaute er die Nachbarschaft mit Häusern, die er sodann weiterverkaufte, um aufs Neue zu bauen. Eine Kneipe als Urzelle eines ganzen Stadtviertels? – Im Fall »Vahle« ist das so.

Adresse Wertherstraße 24, 33615 Bielefeld-Innenstadt, www.vahle-einmalig-anders.de | ÖPNV Bus 48 bis Haltestelle Kunsthalle, Bus 21 bis Haltestelle Franziskus-Hospital | Öffnungszeiten Mo–Sa ab 18 Uhr | Tipp Das Bielefelder Zentrum mit seinen zahlreichen Sehenswürdigkeiten ist nur 10 Fußminuten entfernt.

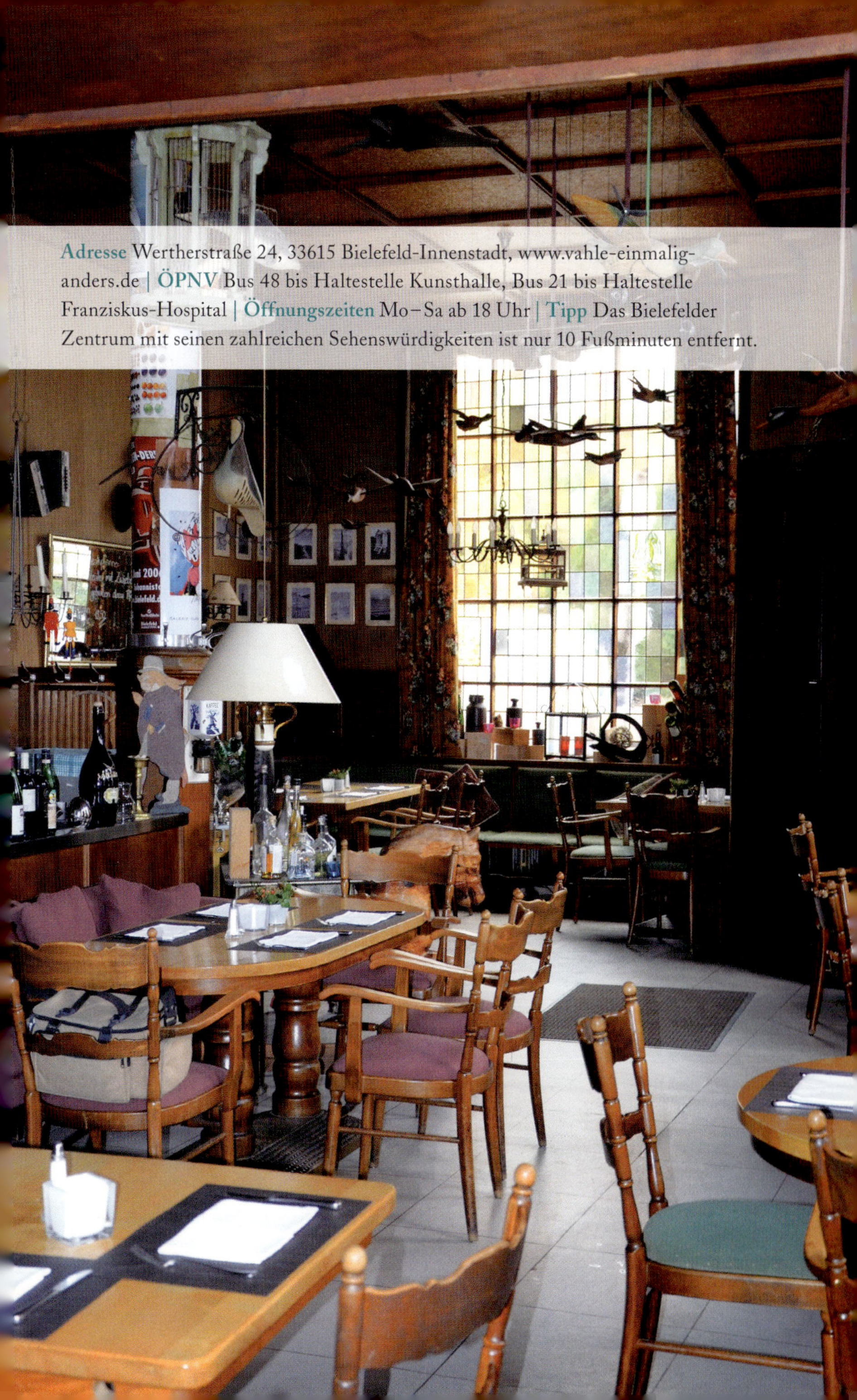

15 Altes Brauhaus Rietkötter

Ein Kleinod im Ruhrpott

An der Fassade prangt die Jahreszahl 1777, aber damals wurde möglicherweise nur jene Brauerei begründet, die bis 1943 existierte. Untersuchungen des Dachstuhls weisen noch 21 Jahre weiter zurück, und Bier wurde hier nachweislich schon Mitte des 17. Jahrhunderts gebraut. Während für das frühe 19. Jahrhundert der Name »Dahm bei der Pumpe« belegt ist, kommt es 1865 zu einem Besitzerwechsel: Moritz Heinrich Fiege übernimmt das Ruder und begründet hier eine Kleinbrauerei. Fiege-Bier dominiert bis heute den Bochumer Gerstensaft-Markt.

Es bedurfte zahlreicher glücklicher Umstände, dieses Haus in die Gegenwart zu retten. Noch 1930 lobte der damalige »Provinzialkonservator« das Rietkötter'sche Anwesen als »klassisches Bürgerhaus«, das »wie durch ein Wunder der rastlosen industriellen Entwicklung entgangen« sei. Auch den Zweiten Weltkrieg überlebte das Gebäude dank dem beherzten Eingreifen der Mieter, die eine Brandbombe eigenhändig vom Dach warfen. Richtig gefährlich wurde es noch einmal in der Nachkriegszeit, als die Bochumer Stadtplaner zum Abbruch bliesen. Dass dieses frevlerische Ansinnen nicht umgesetzt wurde, verdankt sich vor allem dem Widerstand des Hausbesitzers August Rietkötter.

Geführt wird das zwischen hässlichen Funktionsbauten versteckte Kleinod inzwischen als feines Restaurant mit westfälischem Einschlag. Im Innern beeindrucken die offenliegenden, mit virtuosem Gestaltungswillen gezimmerten Deckenbalken und erst recht die bunten Wandgemälde. Der Maler Josef Pieper (1907–1977) war gebürtiger Bochumer, Mitglied der Düsseldorfer Künstlerkolonie und 1936 Träger des Großen Staatspreises der Preußischen Akademie der bildenden Künste in Berlin. Unvollständig freigelegt, wie sie zum Teil daherkommen, erinnern diese Bilder an antike Fresken. Inhaltlich jedoch geht es – wie könnte es anders sein – um die Freuden und Unbilden der Gastronomie.

Adresse Große Beckstraße 7, 44787 Bochum, www.altes-brauhaus-rietkoetter.de | **ÖPNV** Bahn 306 bis Haltestelle Rathaus, Bus 336 bis Bongardstraße | **Öffnungszeiten** Mo–Fr 11–15 und ab 18 Uhr, Sa und So 11–15 und ab 17 Uhr | **Tipp** Vor dem Gasthaus sitzt man eichenbeschattet in einem sehr ruhrpöttischen Biergarten.

16 Em Höttche

Rustikal statt Rokoko

Wie Weimar seinen Goethe, so hat Bonn den Beethoven. Ludwig van wurde hier 1770 geboren und verließ die Stadt am Rhein erst 22 Jahre später. Zeit genug also, um so manche Spur zu hinterlassen, mit der heute geworben werden kann. Auch das Höttche am Markt spannt den Komponisten für seine Zwecke ein, indem es darauf hinweist, dass er hier mit seiner Jugendfreundin Barbe Koch häufig getanzt habe. Der Ludwigschor, Karnevalsfraktion des Bonner Beethovenorchesters, verewigte wiederum das Höttche in seinem Lied »Jebhard von Truchsess«. Der Kölner Kurfürst Gebhard Truchseß von Waldburg (1547–1601) war – nicht zuletzt wegen einer Liebesaffäre – zum Protestantismus übergetreten und löste damit den »Kölner Krieg« gegen die Papisten aus. Am 2. Februar 1583, mitten im Scharmützel, heiratete er seine Mätresse. Die Hochzeitsfeier hier im Höttche wurde allerdings von seinen Gegnern gesprengt, sodass die Frischvermählten von der Tafel weg fliehen mussten.

»Em Höttche«, also »In der Hütte«, heißt das Lokal erst seit 1822, als der Bierbrauer Gottfried Wolf dieses Haus erwarb. Das vormalige Lokal »Zur Blomen« berief sich auf eine Ness von der Blomen, die ab 1389 hier wohnte. Nicht ganz unwichtig ist auch die Zeit zwischen 1737 und 1739. Da nämlich wurde nebenan das damals neue, heute Alte Rathaus gebaut, und die Ratsherren wichen zum Parlamentieren ins Höttche aus. Die Unterschiede der beiden Institutionen könnten nicht größer sein: Hier das verschnörkelt-schnieke Schlösschen mit seinem Rokoko-Lametta und der repräsentativen Freitreppe, dort das rustikale Wirtshaus mit seinen blanken Ahorntischen vor holzpanelierten Wänden. Die Zeit der Schlachten ist vorbei, heute dominiert die Schlachtplatte. Der Rheinische Brauhausteller etwa, Favorit nicht nur der japanischen Touristen, besteht aus Zwiebelmett, Leberkäse, Sülze, Leber- und Blutwurst.

Adresse Markt 4, 53111 Bonn-Zentrum, www.em-hoettche.de | ÖPNV U 63, 66 bis Haltestelle Universität/Markt | Öffnungszeiten täglich ab 11 Uhr | Tipp Das Beethovenhaus liegt 200 Meter weiter nördlich (www.beethoven-haus-bonn.de).

17 Zu den vier Linden

Kohl für Kohle

Braunschweiger Eingeweihte sagen einfach »Die Linde« und vergessen die drei anderen Bäume. Schon seit mindestens Mitte des 19. Jahrhunderts wird diese Straßenecke im östlichen Ringviertel gastronomisch genutzt, und seit 1896 gibt es das Lokal »Zu den vier Linden«. Ehemalige Stammgäste haben so manches historische Zeugnis hinterlassen aus den alten Tagen der Eckkneipe. Nachdem Braunschweig im Zweiten Weltkrieg fast völlig zerstört worden war, existierte auch hier nur noch das Erdgeschoss. Bier ausgeschenkt wurde dennoch, und offenbar zudem nahrhaftes Essen. Wer kein Geld hatte, organisierte sich – auf die ein oder andere Art – Briketts. Für zwei dieser schwarzen Quader bekam man in der Linde einen Teller mit Kohlrouladen, und wenn‘s nicht anders ging, sogar im Voraus. Auch Hansjörg Felmy, der ehemalige Tatort-Kommissar, tat sich an diesem Gericht des Öfteren gütlich.

Lange Zeit fungierte die Linde als typische Nachbarschaftskneipe, deren Gästeradius nicht weit über den eigenen Häuserblock hinausging. Anfang der 1980er Jahre entdeckten dann die Alt-68er und die »Szene« den Laden. In der Linde änderte sich die Musik, es wurde voller und hipper – nicht zuletzt wegen der Gäste aus dem nahen Staatstheater. Felmy hieß im Fernsehen Haferkamp, und ganz ähnlich lautet der Name jenes Wirtes, der die Linde nun seit 1993 erfolgreich führt: Wolfgang Haberkamm, genannt »Elvis«, weil er des Kings Lieder einst in der Schule sang.

An der hübsch geschwungenen Theke stehen Hocker mit filigran gebogenen Holzlehnen, ein paar Hoch- und Flachtische runden das Sitzangebot ab, und die Musik bleibt zugunsten fruchtbaren Palavers im Hintergrund. An den Wänden hängen zahllose Elvisse und noch mehr Schnappschüsse, die den Wirt mit wechselnden Prominenten zeigen. Ein bisschen eitel, na klar. Aber wer kann schon von sich sagen, mal neben Christian Wulff gestanden zu haben?!

Adresse Wiesenstraße 5, 38102 Braunschweig, www.vierlinden.de | ÖPNV Bus 411, 416, 436, M19 bis Haltestelle Jasperallee | Öffnungszeiten täglich ab 15 Uhr | Tipp Vier Linden stehen hier übrigens tatsächlich vorm Haus. Und beschatten den Biergarten.

18 Ratskeller

Schlanke Säulen, dicke Fässer

Es mag Auswärtige zunächst überraschen, dass ausgerechnet die Hansestadt an der Weser auf eine lange Tradition als Weinmetropole zurückblickt. Aber Bremen war stets ein Handelszentrum, hier kreuzten sich wichtige Straßen gen Ost- und Nordsee. Und die findigen Kaufleute des Nordens handelten eben gern mit dieser wertvollen Importware namens Wein. Mit dem Rathaus entstand 1405 auch dessen Keller, der über die Jahrhunderte verschiedene Namen trug und doch immer bacchantisch blieb: als Wein-, Stadtwein- und Ratsweinkeller. Anfangs war die Getränkeliste sehr überschaubar, man bekam lediglich einen »gemeinen« und einen »besseren« Rebensaft. Beide Sorten stammten vom Rhein. Späterhin gingen die Beamten ein bisschen virtuoser zu Werke und lagerten hier einige besonders wertvolle Tropfen ein. Ältestes Exemplar ist heute ein Rüdesheimer von 1653, der allerdings – irgendwie verständlich – nicht mehr ausgeschenkt wird. Aufbewahrt wird dieser Schatz in der sogenannten »Rose«, einem um 1600 geschaffenen Raum abseits der historischen Halle. Von ihrer Südseite gehen auch die im gleichen Zeitraum entstandenen »Priölken« ab: winzige, mit Holz und Leder ausgeschlagene Zimmerchen, in denen wohl schon so manches wichtige Geschäft abgewickelt wurde.

Das aus dem Mittelalter stammende bremische Weinmonopol fiel im Jahr 1815, aber exklusiv geht es hier unten noch immer zu. Wer schick ausstaffierte Räume wie den Bacchuskeller oder das Senatszimmer besichtigen möchte, sollte früh auftauchen. Denn die werden fleißig vermietet. Die dreischiffige, edel-weiß getünchte Halle, Urzelle dieses Höhlensystems, steht hingegen jedermann offen. Hier sitzt man zwischen schlanken Säulen und dicken Fässern und labt sich am Labskaus des reichhaltigen »Hanseatentellers«. Und wer partout nicht von alten Gewohnheiten lassen will, bekommt statt Wein auch ein Bier dazu.

Adresse Am Markt, 28195 Bremen-Altstadt, www.ratskeller-bremen.de | **ÖPNV** Bahn 2, 3, 4, 5, 6, 8, Bus 24, 25 bis Haltestelle Domsheide | **Öffnungszeiten** täglich ab 11 Uhr | **Tipp** Am rückwärtigen Rathauseingang (Unser Lieben Frauen Kirchhof) findet sich der Bremer Ratswein-Laden (Mo–Fr ab 9, Sa ab 9.30 Uhr geöffnet).

19 Kolles Alter Muschelsaal

Die Loreley von der Nordsee

Im Vorgängerbau dieses außergewöhnlichen Lokals residierte bis 1901 eine ganz normale Fischerkneipe mit dem gänzlich unaufregenden Namen »To de lüdde Wirtschaft«. Das änderte sich allerdings im Jahr 1907, als der Malermeister und Stammgast Bernhard Busch auf die Idee kam, den neuen Raum neben der Gaststube mit Muscheln auszukleiden. Im Hamburger Hafen hatte er die ausgedienten Gehäuse tonnenweise herumliegen sehen. Den Schiffskapitänen aus aller Welt dienten sie zugleich als Ballast und Einnahmequelle: Bei ihnen daheim war das Material umsonst zu haben, während die deutschen Kaufleute Geld dafür bezahlten – zum Beispiel, um Knöpfe daraus zu machen.

Die erste Muscheltapete verschaffte dem Laden einen solchen Auftrieb, dass peu à peu weitere Wände derart geschmückt wurden. Heutzutage sitzt man hier in Räumen, die seit über 70 Jahren nicht verändert, sondern lediglich instand gehalten wurden. Maritimer als zwischen diesen Abertausenden kunstvoll arrangierten Wandmuscheln kann man wahrscheinlich nirgendwo speisen.

Neben seinem originellen Schalenkleid verfügt das Lokal noch über eine weitere Attraktion: eine lebensgroße weibliche Galionsfigur. Weil sie einer historischen holländischen Königin ähnelt, datiert man sie auf das 17. Jahrhundert. Welches Schiff sich mit ihr schmückte, ist jedoch bis heute unbekannt. 1907 fand sie ein einheimischer Fischer auf einer Sandbank – dermaßen bewachsen mit Meeresgetier, dass ihre eigentliche Gestalt zunächst gar nicht auszumachen war. Weil der Muschelsaal damals als die Hafenkneipe Büsums fungierte, kaufte der Wirt die Figur kurzerhand auf und hängte sie zunächst über den Eingang. Das ging jedoch auf Dauer nicht gut. Denn angeblich, so will es die Legende, scheuten die Kutschenpferde vor dieser geheimnisvollen Dame und sorgten für manch gefährlichen Unfall. Hängt also in Kolles Muschelsaal womöglich die Loreley von der Nordsee? – Es scheint so.

Adresse Hafenstraße 27, 25761 Büsum, www.kolles-alter-muschelsaal.de | ÖPNV Die Büsumer Kleinbahn Linie 1 hält ganz in der Nähe am GVZ (Gäste- und Veranstaltungszentrum). | Öffnungszeiten Di–So 12–14 und ab 17 Uhr | Tipp In Kolles Gästehaus kann man direkt am Strand übernachten (siehe Homepage).

20 Abthaus

Zuflucht und Zerstreuung

Mit seinen Ruhebänken, dem plätschernden Brunnen und der durchgehenden Backsteinbebauung wirkt der St.-Petri-Platz ausgesprochen beschaulich. Leicht versetzt von hier beginnt die schmale Abtstraße, und dort steht auch das interessanteste Lokal des Ortes. Das Abthaus wurde um 1399 errichtet und ist damit das zweitälteste Gebäude von Buxtehude. Sein Name ist den früheren Besitzern geschuldet. Gerlach Schulte, Abt des Benediktiner-Klosters Harsefeld, hatte das Grundstück erstanden, um fürderhin auf ein Ausweichquartier zurückgreifen zu können. War das Kloster bedroht, floh man in die befestigte Stadt, so zum Beispiel während der Plünderungen durch den mecklenburgischen Ritter Jasper von Pentz im 16. Jahrhundert. Das temporäre Leben in der Stadt mag den Brüdern vielleicht auch ein bisschen Abwechslung vom Ora-et-labora-Alltag verschafft haben.

Die mit unbehauenen Findlingen durchsetzten Kellermauern stammen aus der Gründerzeit des Gebäudes. In der Amtsperiode des Paridon Korf (1618–1628) kam es zu einer Neuerrichtung des baufällig gewordenen Hauses, die Spuren hinterlassen hat: Paridons Namenszug ist auf einem Deckenbalken im Erdgeschoss zu lesen.

Die gepflasterte Straße und das mit den roten Brandsteinen gefüllte Fachwerk harmonieren mit dem Innern des Abthauses. Auch hier regiert ein ländlich-rustikaler Stil mit hölzernen Büfettschränken, schmiedeeisernen Kandelabern und bunt gestrichenen Treppengeländern. Das Stadthaus der Äbte wurde wie deren Kloster 1648 säkularisiert und kam dann wohl auch bald in die Hände von Schankwirten. Obwohl von eher kleinen Ausmaßen, wirkt die Stube dank dem offenen Blick bis zum Dachfirst recht großzügig. In diesem alten, immer leicht abgedunkelten Gemäuer vergisst man gerne die Zeit, aber wer möchte, kann sich natürlich auch auf einen Kümmel draußen zum Kapitän setzen. Und ihm dann direkt eine neue Pfeifenspitze spendieren.

Adresse Abtstraße 6, 21614 Buxtehude, www.abthaus-buxtehude.de | ÖPNV Bus 2104 bis Haltestelle Viverstraße | Öffnungszeiten Di–Fr ab 17, Sa und So ab 12 Uhr | Tipp Auf den Fundamenten des Klosters Harsefeld steht heute das Harsefelder Museum, unter anderem der Historie des Klosters gewidmet (www.harsefeld.de).

21 Haus Oe

Nicht »in«, sondern »auf«

An der Ecke vom Tresen wandert eine eiserne Säule durchs Holz und zur Decke. Dekorativ wirkt sie durchaus, aber ihre heutige Funktion erschließt sich nicht so recht. Die Kumpel jedoch, die hier früher verkehrten, wussten sie zu nutzen, und manch einer erzählt noch heute davon: Da ging eine Gasleitung durch, an der man sich bequem seine Zigarre anstecken konnte.

Es sind Anekdoten wie diese, die aus einem vermeintlich schnöden Kneipenraum einen geschichtsträchtigen Ort machen. Längst sind die Zechen des Ruhrgebiets geschlossen, und lange schon grassiert zwischen Dortmund und Duisburg das Kneipensterben. Das Haus Oe jedoch ist eines jener raren Lokale, das die harten Zeiten überlebt hat. Benannt wurde es nach dem Gründer, dem Bäcker Karl Oestreich. Scheint ein ebenso flexibler wie geschäftstüchtiger Mensch gewesen zu sein, dieser Karl. Denn als die anrainernden Malocher ihm klarmachten, dass sie lieber Bier als Brötchen serviert bekommen, sattelte er anstandslos um. Die Eröffnungsurkunde seiner Schankwirtschaft hängt noch heute hier aus und ist auf den 2. Juni 1900 datiert. Ein gutes Einkommen garantierte Oestreich die Tatsache, dass man Schnaps nicht im Tante-Emma-Laden, sondern in der Wirtschaft kaufte. Wo heute der runde Tisch am Fenster steht, erstreckte sich früher die Theke. Und von dort konnten die Kornflaschen durch eine Luke direkt auf die Straße gereicht werden. Eine alte Rechnung von 1917 verzeichnet einen Jahresausstoß von rund 500 Hektolitern Schnaps – und die wollen auch von durstigen Bergarbeitern erst einmal vertilgt sein.

Kleiner Tipp für den Erstbesucher: Verwaltungstechnisch betrachtet befindet man sich hier im Castrop-Rauxeler Stadtteil Schwerin. Und wer im Oe ein bisschen Eindruck schinden und an die sprachlichen Gewohnheiten der Bergleute andocken möchte, der sagt nicht »in«, sondern »auf« Schwerin.

Adresse Frohlinder Straße 35, 44577 Castrop-Rauxel-Schwerin, www.haus-oe.de | **ÖPNV** Bus 480, 482 bis Haltestelle Grimbergstraße | **Öffnungszeiten** Fr–Mo ab 12 Uhr, Di–Do ab 17 Uhr | **Tipp** Das Oe verfügt über Billardtische, Dartanlagen und Flipper. Über die kleine Bühne gehen zudem regelmäßige Livekonzerte.

22 Ratskeller

Blattgoldsäulen und Gewölbedecken

Die Pracht dieses Raumes ist beeindruckend. Wo soll man anfangen? Bei den kunstvollen Schnitzereien der Raumtrenner, die jedem Gast seine stille Nische offerieren? Bei den verzierten Säulen oder der durchgängig bemalten Gewölbedecke? Der Chemnitzer Ratskeller entstand zusammen mit dem zwischen 1907 und 1911 errichteten Neuen Rathaus. Eingedenk der Tatsache, dass geistige Getränke in der Politik schon immer eine bedeutende Rolle spielten, heißt es in der Festschrift von damals: »Unsere Stadtväter entschlossen sich, im Neuen Rathaus die Sitte der Ratskellerwirtschaft wieder aufleben zu lassen, die in Chemnitz schon durch das ganze Mittelalter bestand, und des Rates Weinstube sicherte damals dem Städtischen Jahrhunderte hindurch auch den Mittelpunkt des gesellschaftlichen und politischen, ja vielfach des geistigen Lebens unserer Stadt!«

Für die Gestaltung des Innern hatte man einen Wettbewerb ausgeschrieben, den zwei Dresdner Hoftischler namens Udluff und Hartmann gewannen. Mit Josef Goller, Grafiker und Leiter der Dresdner Anstalt für Glasmalerei, holten sie sich einen ausgewiesenen Jugendstilexperten mit ins Boot.

Von ihrem Bodenniveau her entspricht die Chemnitzer Ratstrinkstube eher einem Souterrain als einem Keller. Durch die Scheiben dringt Tageslicht, die Fensterbögen sind von außen sichtbar. Dennoch überlebte der Saal das Inferno des 5. März 1945, als 90 Prozent der Innenstadt zerstört wurden. Direkt gegenüber liegt heute das sich über zwei Etagen erstreckende Turm-Brauhaus. Im Innern recht hübsch, residiert es doch in einem gesichtslosen Neubau. Das Doppelrathaus hingegen wurde alt und älter, und zu DDR-Zeiten sah man ihm das auch zunehmend an. Die Teufelchen am Foyerbrunnen ließen die Köpfe hängen und warteten auf bessere Zeiten. Erst nach 1990 wurde großzügig restauriert, das gesamte Inventar entstand nach den historischen Vorbildern neu.

Adresse Markt 1, 09111 Chemnitz-Zentrum, www.ratskeller-chemnitz.de | ÖPNV Tram 2 bis Zentralhaltestelle, Bus 32 bis Haltestelle Rosenhof | Öffnungszeiten täglich ab 11 Uhr | Tipp Dem von Hand bespielten Glockenspiel im Turm des Neuen Rathauses kann man mittwochs und samstags zwischen 10 und 10.30 Uhr lauschen.

23 Café Altmarkt · Melde-Keller

Wollhändler, Steindrucker, Gastronom

Das Café Altmarkt fällt auf. Nicht weil es so imposant wirkt, sondern im Gegenteil: weil es im Vergleich zu seinen Nachbarn so klein ist. Das barocke Giebelhaus wird 1544 erstmals erwähnt. 1767 erfolgte der Umbau, der dem Gebäude sein heutiges Gesicht verlieh – das allerdings 1979 wegen Verfall rekonstruiert werden musste. Dabei entstand auch die doppelte Schlinge am Giebel neu, die auf frühe Kaufmannschaft hinweist. Hier folgte auf den Wollhändler der Steindrucker und auf den Bürobedarfsladen schließlich die Gastronomie.

Der Doppelname verweist auf die doppelte Nutzung des Hauses. Unten im aufbereiteten Gewölbe lässt man sich des Abends zum Essen nieder. Der Name des Kellers hat nichts mit (An-)Melden zu tun, sondern geht auf den gelernten Tuchmacher Mattheus Melde zurück. Der hatte 1748 eine Kornbrennerei gegründet, die sich in der Folge zur größten der Region entwickelte. Nach der Enteignung zu DDR-Zeiten und der Post-Wende-Übernahme durch Underberg wurde der Standort jedoch 1996 geschlossen. Im Melde-Keller am Cottbuser Altmarkt erinnert immerhin noch ein historisierendes Gemälde an diese Traditionsfirma.

Oben hingegen dient eine kleine Theke samt Nische den Biertrinkern zum Palaver. Der Tischbereich mit seinen schmiedeeisernen Geländern, gepolsterten Tischen und Bänken trägt hingegen eher Caféhauscharakter. Die großzügigen Öffnungszeiten ermöglichen es den Passanten, hier auf ein frühes Heißgetränk einzukehren. Wer genug Zeit hat, muss es nicht bei der Zeitungslektüre bewenden lassen, sondern kann die gut gefüllten Bücherregale des Cafés durchsehen. Empfohlen seien die 1937er-Ausgabe von »Vom Winde verweht« und Knaurs »Schönheitsbuch« von 1972 mit sensationellen Tipps zu »Augen Lider Wimpern«.

Adresse Altmarkt 10, 03046 Cottbus-Mitte, www.cafe-altmarkt.de | **ÖPNV** Tram 2, 5 bis Haltestelle Altmarkt | **Öffnungszeiten** täglich ab 10 Uhr | **Tipp** Am Altmarkt 24, direkt gegenüber dem Café, findet man ein interessantes Apothekenmuseum mit Wurzeln im 16. Jahrhundert (www.niederlausitzer-apothekenmuseum.de).

24 Weinhaus Bockshaut

Karl Valentin und der Datterich

Es ist schwer vorstellbar, dass hier einst Gerberei und Gastwirtschaft unter einem Dach vereint waren. Erstere hantiert mit allen möglichen übelriechenden Substanzen, zweitere hingegen verlangt nach einer gewissen Hygiene. Aber genauso war es, als der Gerber Johann Gervinus 1795 eine Weinwirtschaft eröffnete. Um beide Professionen miteinander zu verbinden, gab er ihr den Namen der Gerberzunft: Bockshaut. Und so heißt diese älteste Darmstädter Gaststätte bis heute. Das Urgebäude stammt aus dem Jahr 1580 und diente dem Pfarrer als Wohnstätte. Unterirdisch kann noch immer belegt werden, dass das Haus damals direkt an der Stadtmauer stand. 1760 dann übernahm die Familie Gervinus das Ruder, aus der 1805 ein berühmter Sohn hervorging: Georg Gottfried sollte einer der »Göttinger Sieben« werden, der liberaldemokratischen Professorengruppe um die Gebrüder Grimm.

Nach dem Zweiten Weltkrieg hatte die Bockshaut zunächst als plattgemachte Kellerwirtschaft weitergeführt werden müssen, wuchs dann jedoch mit dem Wiederaufbau umso beträchtlicher. Unter anderem wurden Teile des ehemaligen Darmstädter Pfandleihhauses integriert, in dem zeitweise der Vater Karl Valentins arbeitete. Die Mauern der »Datterich-Äbbelwoi-Stubb« bestehen deshalb aus dem meterdicken Stahl des ehemaligen Tresors – man sitzt hier also recht sicher. In jenem Raum hängt auch ein Brief von Ernst Elias Niebergall an den Kollegen Valentin. Posthum berühmt wurde Niebergall durch seine im Dialekt verfasste Lokalposse »Der Datterich« (1841), die man in Darmstadt bis heute immer wieder aufführt. Datterich, der zum schnorrenden, saufenden Schlitzohr mutierte ehemalige Finanzbeamte, wurde über die Jahre ein Darmstädter Original. Die historische Gemäldegalerie mit Szenen des Theaterstücks wollte einst das Landesmuseum Darmstadt erwerben. Dank unbeugsamer Wirtsleute jedoch blieb sie in der Bockshaut.

Adresse Kirchstraße 7–9, 64283 Darmstadt, www.bockshaut.de | **ÖPNV** Tram 2, 3, Bus F, H, K bis Haltestelle Schloss | **Öffnungszeiten** täglich 12–15 und ab 18 Uhr | **Tipp** Vor der Darmstädter Stadtbibliothek (Große Bachgasse 2) steht der »Datterich-Brunnen« mit beweglichen Figuren des angesprochenen Stücks.

25 Haus Wagener

Frikadellen und feuchte Bierdeckel

Dortmund ist eine Bierstadt, in der so manche überregional bekannte Marke entstand, man denke nur an Brinkhoff's, Dortmunder Union, Hansa oder die Dortmunder Actien-Brauerei (DAB). Diese ging letztlich als Sieger aus der Konzentrationswelle hervor, die ab den 1990ern auch das Brauereiwesen erfasste. Und so wundert es nicht, dass das Dortmunder Brauereimuseum 2006 auf dem DAB-Gelände wiedereröffnet wurde – in den Räumen der ehemaligen Borussia-Brauerei, die dem mehrfachen deutschen Fußballmeister ihren Namen gab.

Aus dem Jahr 1912 stammt das historische Maschinenhaus, das zusammen mit der 1968 errichteten Maschinenhalle heute das Museum beherbergt. Erklimmt man die eiserne Leiter, landet man bald im Haus Wagener – beziehungsweise zwischen den Relikten dieser alten Lütgendortmunder Eckkneipe. Die Vergangenheit des 1928 eingemeindeten Vororts ist vom Aufblühen und Sterben der umliegenden Kohlezechen geprägt, und das Haus Wagener spiegelt ein Stück dieser Geschichte. Ins Museum gerettet werden konnten die Rückbüfettiere, wie man hier den Thekenschrank nennt, und der Tresen. Seine Zapfsäule erinnert von der Form her an einen Kühlturm, das verchromte Äußere an die besseren Tage der Wirtschaft.

Eröffnet wurde das Wagener 1904 als Stammgasthaus der Dortmunder Westfalia-Brauerei, die 1921 in der Ritter-Brauerei aufging. Aus den 1920er und 30er Jahren stammen auch die genannten Inventarstücke des Lokals, das zunächst auch als Restaurant diente. Als hier in den 1950ern die Wageners das Geschäft übernahmen, entstand der noch heute geläufige Name. Bis zum Jahr 2005 wurden an diesem flachen Tresen Biere gezapft und Schnäpse eingeschenkt, dann wanderte er ins Museum. Setzt man sich jedoch an den kleinen Tisch davor und hält ein wenig innere Einkehr, scheint es plötzlich nach HB und Reval, nach Frikadellen und feuchten Bierdeckeln zu riechen.

Adresse Steigerstraße 16, 44145 Dortmund-Mitte, www.brauereimuseum.dortmund.de | **ÖPNV** U42, 46 bis Haltestelle Brunnenstraße, Bus 455, 456 bis Nordmarkt | **Öffnungszeiten** Museum Di, Mi, Fr, So 10–17, Do 10–20, Sa 12–17 Uhr | **Tipp** Das Museum organisiert regelmäßige Sonderausstellungen und Führungen.

26 Radeberger Spezialausschank

Die Dampfschifffahrt und das Bier

Dresden hat sich seit der Wende in einen touristischen Magneten verwandelt, vor allem dank der Restaurationskünste vieler tausend Handwerker. Da spaziert man also heutzutage von der Semperoper über den Zwinger zur wiederaufgebauten Frauenkirche und ist begeistert. Als Kneipenfan jedoch sollte man ein Gebäude nicht auslassen, das man angesichts all dieser architektonischen Pracht beinahe übersehen könnte. Fast ist es sogar nicht einmal als eigenständiges Bauwerk zu erkennen, klebt es doch ganz unauffällig an der alten Festungsmauer.

Der erste Eindruck: Sehr schmal, sehr länglich, hier sitzt man wie in einem Schiffsrumpf. Und so ganz falsch ist das nicht, befinden wir uns doch direkt an der Elbe. Bis zum Beginn des 19. Jahrhunderts leckte der Fluss an der Mauer. Dann jedoch entstand eine Rampe, die von der Augustusbrücke hinunter auf Elbniveau führte. »An der Appareille«, das war bis 1877 die Adresse jenes Gebäudes, das dort 1848 errichtet wurde. Bauträger seinerzeit: die Sächsische Dampfschifffahrts-Gesellschaft. Mit seiner Vollendung begann die Auffüllung des Ufers entlang der Mauer. Eine Schiffsanlegestelle entstand, die bald so bedeutend wurde, dass vor dem Haus sogar eine Straßenbahn hielt. Schon damals wurde den Passagieren hier vermutlich der ein oder andere Drink serviert. Bis 1990 war dann die DDR-Mitropa für die gastronomische Versorgung verantwortlich, bevor sich die Radeberger Brauerei diesen äußerst originellen Ausschank sicherte. Von den einst drei Etagen existieren heute noch zwei, ausgestattet mit hochwertigem Holzmobiliar und hübsch geschwungenen Lämpchen. Auf dem Dach liegt die sommers beliebte Freiterrasse, und das Medaillon über der Tür präsentiert den Mann, der den Bau dieses Hauses ursächlich mitverantwortet hat: Denis Papin, Pionier auf dem Gebiet der Dampfmaschinen.

Adresse Terrassenufer 1, 01067 Dresden-Innere Altstadt, www.radeberger-spezialausschank.de | **ÖPNV** Bahn 8, 9 bis Haltestelle Theaterplatz | **Öffnungszeiten** täglich ab 11 Uhr | **Tipp** Die Radeberger Brauerei ist nur 15 Kilometer von Dresden entfernt und bietet verschiedene Führungen an (www.radeberger.de).

27 Der Uerige

Ein Brauhaus-Puzzle am Rhein

Der Uerige ist ein gastronomisches Labyrinth. Hinter der schlichten Fassade versteckt sich ein verschlungenes Konglomerat unterschiedlichster Räume. Hier duckt man sich unter einen düsteren Durchgang, dort nimmt man in einem separee-artigen Räumchen Platz. Und hinter der nächsten Tür wiederum gelangt man in eine hohe helle Halle, die an eine ehemalige Autowerkstatt erinnert. Dieser mangels Fenstern durch ein Glasdach belichtete »Brauhof« ist zudem mit filigranen Wandgemälden von Erich Woestemaier ausstaffiert. Und dort steht man dann also an großen Fässern zwischen redefreudigen Rheinländern und grinsenden Touristen aus aller Welt. Und trinkt Altbier.

Das Düsseldorfer Brauhaus-Puzzle nahm um die Mitte des 18. Jahrhunderts seinen Anfang, als hier eine Poststation mit gastronomischer Betreuung für die Reisenden bestand. Im »Heydelberger Fass« wurde zunächst vor allem Wein ausgeschenkt, laut Chronisten sorgten zuweilen sogar Elefanten und Dromedare für die Belustigung der Gäste. Die Umwidmung zur Brauerei vollzog dann 1862 der Gastwirt Wilhelm Cürten. Seiner Miesepetrigkeit verdankt sich auch der heutige Name des Hauses: Der »uerige Willem« ist der seltsame, schlecht gelaunte Wilhelm. Getreu dem alten Benediktiner-Wahlspruch »Ora et labora« soll er seine Brauerei nur für den sonntäglichen Kirchgang verlassen haben.

Wenn es dem Gründer auch an rheinischem Frohsinn mangelte, so war er doch immerhin ein Meister seines Fachs. Sein Obergäriges wurde freundlich aufgenommen, die Schankwirtschaft an der Berger Straße florierte. Auch nach dem Wiederaufbau ab 1945 blieb der Uerige ein beliebter Treffpunkt für Einheimische und Auswärtige. An Sommertagen erinnert die beidseitig mit Biertischen zugestellte Rheinpromenade beinahe an den Ballermann. Wem das nicht behagt, der muss dennoch nicht vorübergehen. Denn innen drin im Labyrinth, jeder sein lauschig Plätzchen find't.

Adresse Berger Straße 1, 40213 Düsseldorf-Altstadt, www.uerige.de | **ÖPNV** U 77, 78, 79 bis Haltestelle Heinrich-Heine-Allee | **Öffnungszeiten** täglich ab 10 Uhr | **Tipp** Schnaps gibt es aus alter Tradition nicht im Uerige, sondern nur nebenan in der Stickum-Bar.

28 Burgschenke

Gastro im Gadem

Kaum ein anderer deutscher Ort ist historisch so aufgeladen wie die Wartburg. Gleich drei bedeutende Ereignisse spielten sich dort ab. Im Jahr 1206, so will es zumindest die Legende, traf sich hier die Elite des mittelalterlichen Schlagers. Der berühmte Sängerwettstreit auf der Wartburg konnte mit Stars wie Walther von der Vogelweide, Wolfram von Eschenbach und Heinrich von Ofterdingen aufwarten. 1521 saß dann hier der geächtete und gebannte Flüchtling Martin Luther in seinem Stübchen und übersetzte die Bibel. Was in Eisenach entstand, war sensationell neu. Indem er »dem Volk aufs Maul« schaute, ermöglichte er diesem nicht nur endlich einen eigenen Zugang zur Bibel, sondern ebnete zugleich den Weg für eine einheitliche deutsche Schriftsprache. Am 18. Oktober 1817 schließlich versammelten sich hier 500 Burschenschaftler und forderten einen deutschen Nationalstaat.

Man kann all dies im Sinn haben, wenn man hier oben bei der Vesper sitzt. Man kann sich aber auch einfach des Anblicks erfreuen. Direkt hinter dem Lokal endet die Burg mit dem aus dem frühen 14. Jahrhundert stammenden Südturm. Nach Süden hin überblickt man den thüringischen Wald, ganz in der Nähe bei Förschel beginnt der berühmte Rennsteig. Entlang den Wänden des Lokals findet sich neben Hinzugekauftem manches Originalstück aus dem Fundus der Wartburg. Allen voran der ehrwürdige Holzschrank neben der Theke, der aus dem Jahr 1530 stammt. Ursprünglich befand sich hier im zweiten Burghof der Marstall des Anwesens. Jenes Fachwerkhaus, das heute die Gaststätte beherbergt, wurde erst 1874 erbaut. Sein eigentlicher Name »Gadem« belegt, dass es zunächst als Gästehaus diente. Wenn man sein Glas heute unter den Augen einer lebensgroßen weiblichen Puppe trinkt, mag man wiederum an den berühmtesten Bewohner der Burg denken. Denn Luthers Frau Katharina war im Nebenberuf Bierbrauerin.

Adresse Auf der Wartburg, 99817 Eisenach, www.wartburghotel.arcona.de | **ÖPNV** Bus 10 bis Haltestelle Wartburg | **Öffnungszeiten** März–Okt. täglich 10–18 Uhr; Nov.–Feb. 10–16.30 Uhr | **Tipp** Das Burginnere kann nur im Rahmen von Führungen (8.30–17 Uhr) besichtigt werden (www.wartburg-eisenach.de).

29 Drei Kronen

Ein Hauch von Venedig

Flachdächer sind nicht gerade typisch für alte Häuser, denn diese Mode begann erst Ende der 1960er mit den Bungalows. Wenn also ein betagtes Gebäude nach oben hin waagerecht abschließt, ist das zumeist dem letzten Krieg geschuldet. So auch im Fall des Drei Kronen, dessen ursprünglich zweistöckige Ausführung man noch auf einem historischen Foto hinter der Eingangstür studieren kann. »Restaurant Drei Kronen = Das gute Bierlokal« stand hier einst in riesigen Lettern über die komplette Fassade zu lesen – sympathisch-naive PR von anno dazumal.

Hier gebe es »die besten Bratkartoffeln von Emden«, behaupten die Stammgäste. Und so ist das wohl schon seit Jahrzehnten, denn für diese gescheibten Erdknollen war auch die Mutter und Köchin des in Emden legendären Wirts Gerdje Klaassen berühmt. Der Gastronom aus Leidenschaft stand hier von 1976 bis 2007 hinterm Tresen. Was sich aus seiner Zeit erhalten hat, ist die Wohnzimmeratmosphäre des Lokals. Über die aus der Mode gekommenen Polster der Stühle und Bänke mag man streiten, auch über die Gardinen vor den Fenstern und die roten Klinker an der Wand. Aber genau an der hängen exakt datierte Skatblätter – »Omas«, wie es in der Fachsprache heißt –, die einst einem Spieler einen Schneider-Schwarz-Sieg bescherten. Mit anderen Worten: Das Drei Kronen ist eine Kneipe vom alten Schlag, in der man sich sofort wohlfühlt.

Die Häuserreihe stand früher direkt am Wasser, auf alten Postkarten vermittelt diese ostfriesische Furt einen Hauch von Venedig. Obwohl hier Unmengen Kriegsschutt versenkt wurden, erkennt man noch heute die Mulde des Brauersgrabens. Und dass der Untergrund hier noch immer feucht ist und zum Absacken neigt, erkennt jeder, der sich die Häuserflucht einmal genauer ansieht. Wer also nach einem Besuch im Drei Kronen an seinen Sinnen zweifelt, der sei beruhigt: Hier stand auch schon vorher alles schief.

Adresse Am Brauersgraben 6, 26725 Emden-Stadtzentrum | **ÖPNV** Bus 422, 501 bis Haltestelle Kunsthalle | **Öffnungszeiten** Do–Di 11–14.30 Uhr und ab 17.30 Uhr | **Tipp** Die Emdener Kunsthalle, gegründet von Ex-Stern-Chef Henri Nannen, verfügt unter anderem über eine brillante Sammlung zum Expressionismus.

30 Wirtshaus Christoffel

Schwarzbiersoße und Wikingerblut

Angesichts altertümlicher Kneipen sagt man gern: Die ist auf Mittelalter gebürstet. Und meint damit: grobe Holzplanken, gekeilte Tische, große Bierhumpen und deftiges Essen. Genau so sieht es auch im Christoffel aus. Und dieses nach dem Schutzpatron der Reisenden benannte Haus stammt auch wirklich aus dem Mittelalter.

Im gastronomisch genutzten Gewölbekeller sitzt man zwischen Mauern aus dem 12. Jahrhundert. Damals befand sich hier Erfurts Judenviertel, das im Jahrhundert darauf mehreren Pogromen ausgesetzt war. Zunächst diente dieses Gebäude als Wohn- und Zollhaus, aber irgendwann nach 1500 erhielten die Eigner das Braurecht. In jener Zeit pflegte man eine interessante Tradition: Wenn das Bier zapfbereit in den Fässern schwappte, steckte der Wirt ein Bündel Stroh in ein eigens dafür vorgesehenes Loch über dem Eingang. Herbei die Bürger strömten, und das Bier auch.

Die Musik im Christoffel ist eine Mischung aus Gothic und Klassik. Überall hängen Ritterrüstungen (auch ganz kleine, sehr lustig), Hellebarden und Schwerter, Wappen und Schilde. Und um die Illusion perfekt zu machen, sehen sogar die Wandgemälde wie restaurierte Überreste aus, die man unter dutzenden Farb- und Tapetenschichten freilegte. Man kann so eine Aufmachung albern finden, aber man kann sie auch weitaus schlechter hinbekommen als der Christoffel. Zu DDR-Zeiten wurde hier ein Obst- und Gemüsehandel, später eine Chemische Reinigung geführt. Aber Schänke ist besser! Dieses mittelalterliche Halbdunkel, das Kerzengeflacker um die langen, derben Tafeln sorgen für eine ausgesprochen gelungene Inszenierung. Hier macht es Spaß, den Hotzenplotz zu geben und einen Halbliterseidel Honigbier zu schlörken, um der Grillhaxe in Schwarzbiersoße (mit Sauerkraut und hausgemachter Tunke) das Bassin zu füllen. Und danach, nun ja, vielleicht noch ein Gläschen Wikingerblut.

Adresse Michaelisstraße 41, 99084 Erfurt-Altstadt, www.wirtshaus-christoffel-erfurt.de | **ÖPNV** Linie 3, 4, 6 bis Haltestelle Fischmarkt | **Öffnungszeiten** täglich ab 11 Uhr | **Tipp** Das Erfurter Mittelalter wird natürlich auch im Stadtmuseum lebendig, das im eindrucksvollen Haus zum Stockfisch residiert (www.stadtmuseum-erfurt.de).

31 Der Huber

... und die 150 Jahre alte Tischkegelbahn

Ob der antike Büfettschrank, das einen Kubikmeter große Röhrenradio oder die Armaturen der Fenster – beim Huber in Münchham ist jedes Accessoire durch die Zeit gefallen. Auf bis zu 40 Zentimeter breiten Dielen geht man von der niedrigen Theke zum rückwärtigen Holzofen, dessen Rohr zwecks maximaler Wärmeabgabe quer über die Wand zickzackt. Direkt davor wiederum steht ein so schmaler wie langer Wirtshaustisch, der das vielleicht spannendste Geheimnis des Lokals birgt. Die Resopalplatte nämlich ist abnehmbar, und darunter befindet sich eine rund 150 Jahre alte Tischkegelbahn. Gefertigt wurde sie angeblich von einem französischen Soldaten, der hier aus unbekannten Gründen strandete. Die Kugeln werden übrigens nicht gerollt, sondern mit einem Miniatur-Hockeyschläger Richtung Kegel getrieben.

Wo die Dorfstraße eine sanfte Biegung beschreibt, entstand um die Mitte des 18. Jahrhunderts das Münchhamer Wirtshaus. Das imponierende, an eine große Scheune erinnernde Gebäude ist seitlich komplett verschindelt. Den Gastraum entert man über einen Treppenvorbau, auf dessen Balkon der Wirt an sonnigen Tagen über seiner Zeitung sitzt. Seit 1793 wird das Haus von der Familie Huber geführt. Und aus diesem Jahr stammt wohl auch die Standuhr in der Gaststube. Weil das Lokal auch als »location« einfach unschlagbar ist, war natürlich auch das Fernsehen schon vor Ort. Unter anderem wurden Szenen der Heimatfilme »Herbstmilch« und »Sau Nummer vier« in Münchham gedreht.

Wer den Huber zum ersten Mal betritt, der staunt vor allem über die Homogenität, die hier waltet. Mögen Türen, Tische und Theke auch aus verschiedenen Jahrhunderten stammen – hier wirken sie wie füreinander gemacht. Beinahe glaubt man, in einem milchig-bräunlichen Historienfoto gelandet zu sein. Da braucht man dann schon ein frisches Bier, um wieder in der Gegenwart zu landen.

Adresse Dorfstraße 15, 94140 Ering-Münchham | **ÖPNV** von Ering aus Bus 7539 bis Haltestelle Münchham | **Öffnungszeiten** täglich ab 10 Uhr | **Tipp** Eine Brotzeit bekommt man immer, warme Küche sollte vorbestellt werden.

32 Die Ampütte

Eine geballte Ladung Ruhrgebiet

Der erste Gedanke: Unglaublich, hier hat bestimmt schon Opa Heinz gesessen und mit seinen Kumpels Skat gespielt. Früher ein Halbweltschuppen, heute noch immer ein magnetischer Kiezladen: Diese Gaststätte wirkt so authentisch, dass man geneigt sein könnte, sich Einzelstücke heimlich mit nach Hause zu nehmen. Ein Bier an dieser hübsch geschwungenen, ausgesprochen kommunikationsfördernden Theke zu trinken, kommt einem historischen Akt gleich. Auch die Eckbank direkt gegenüber wirkt verlockend. Dort hängen jene Fotos an der Wand, mit denen so manche altgediente Kneipe aufwarten kann: prominente Besucher mit der entsprechenden »Street Credibility«.

Normalerweise müsste man in Lokalen wie der Ampütte über knarzende Holzdielen laufen. Hier jedoch liegen quadratische Linoleumplatten aus, und selbst diese fügen sich ins Ensemble wie passende Puzzlestücke. Damit gepflastert wurde auch das sogenannte Jägerzimmer links vom Eingang. Die kleine Geweihsammlung wirkt wie ein ironischer Scherz angesichts der geballten Ladung Ruhrgebiet, die aus allen Ritzen der Gaststätte schießt. Rechts am Tresen vorbei öffnet sich der Raum ein wenig, um in kojenartigen Nischen zu enden. Da verzehrt man dann beinahe ungestört das kulinarische Programm zwischen Schnitzel und Currywurst, Sülze und Schnittchen. Dies im Übrigen zumindest wochenends bis tief in die Nacht, die Ampütte ist die berühmteste Late-Night-Schluck- und Pommesbude von ganz Essen. Und dass Männer hier ihre Pinkelpause an einer klassischen Pissrinne verbringen, sei nur am Rande erwähnt.

Ampütte ist der Nachname der Wirtsfamilie, dennoch sagt man in Essen »die Ampütte«. Und das schon seit 1901. Zurzeit ist die vierte Generation am Start, ein Ende ist nicht abzusehen. Mit anderen Worten: Wer nicht gerade für ein Buch recherchieren und deshalb trocken bleiben muss, der versackt hier garantiert.

Adresse Rüttenscheiderstraße 42, 45128 Essen, www.ampuette-essen.de | **ÖPNV** U 11, Straßenbahn 101, 107 bis Haltestelle Rüttenscheider Stern | **Öffnungszeiten** Mi–Mo ab 18 Uhr | **Tipp** Der hauseigene Drink heißt »Samtkragen« und besteht aus einer fein abgestimmten Mischung aus Boonekamp und Korn.

33 Apfelwein Solzer

Beim Bernemer Bacchus

Bornheim – oder »Bernem«, wie die Frankfurter sagen – galt schon im 19. Jahrhundert als das »lustige Dorf«. Hierhin trieb es die Städter wegen der Bernemer Kerb, einem beliebten Straßenfest, und wegen der vielen traditionellen Apfelwein-Gaststätten. Hauptschlagader des Viertels ist die drei Kilometer lange Berger Straße mit ihren vielen kleinen Mode- und Lifestyle-Geschäften, Restaurants und Kneipen. Je weiter man nach Norden auf ihr vordringt, desto enger und dörflicher wird sie. Und irgendwann stößt man dort auch auf den Solzer, eines der ältesten Weinlokale Frankfurts. Schon im 16. Jahrhundert wurde das Gebäude als Geschäft bewirtschaftet, zunächst von einer Bäckersfamilie. Zwischen 1774 und 1808 residierte dann die »Gastwirtschaft zum goldenen Stern« in diesen Mauern. Danach folgten Umwidmungen zum »Weißen Roß« und zum »Grünen Baum«. Manchen Quellen zufolge soll das Ausflugslokal im frühen 19. Jahrhundert auch als Bordell gedient haben. 1893 jedoch zog die Apfelwein-Familie Solzer ein, die das Haus mittlerweile in fünfter Generation bewirtschaftet. Weil das Lokal weithin als »Nassauer Hof« bekannt war, folgte die »Apfelwein Solzer«-Taufe jedoch erst 1969.

Wer hier erstmals aufläuft, würde nicht vermuten, wie viel Platz nach hinten hinaus zur Verfügung steht. 300 Leute passen in diesen Wintergarten, der bei Bedarf sogar überdacht werden kann – eine Errungenschaft des letzten Stabwechsels bei den Solzers im Jahr 2006. Seitdem wurde auch manch altvordere Regel aufgeweicht, selbst der »Süßgespritzte« (Apfelwein mit einem Schuss Limonade) gilt nicht mehr als Sakrileg. Die Tradition, den Haussaft hier vor Ort zu keltern, blieb jedoch ebenso unangetastet wie die uralte Schankstube des Lokals. Dort sitzt man nach wie vor im intimen Halbdunkel eines beinahe komplett mit Holz ausgeschlagenen Raumes und fühlt sich wie in der trauten Höhle des Bacchus.

Adresse Berger Straße 260, 60385 Frankfurt am Main-Bornheim, www.solzer-frankfurt.de | **ÖPNV** U4 bis Haltestelle Bornheim-Mitte, Straßenbahn 12, Bus 38 bis Saalburgstraße | **Öffnungszeiten** Mai–Okt. Mo–Fr ab 16 Uhr, Sa ab 15 Uhr, So ab 12.30 Uhr, Nov.–April Mo–Fr ab 17 Uhr, Sa ab 15 Uhr, So ab 12.30 Uhr | **Tipp** An der Berger Straße 314 liegt mit dem ehemaligen Bornheimer Rathaus eines der ältesten Häuser der Stadt, erbaut 1770.

34__Schreiber-Heyne

Rosas alte Apfelweinloge

Der Schreiber-Heyne liegt denkbar ungastlich an der viel befahrenen Mörfelder Landstraße. Aber auch hier lernt man wieder einmal, wie mächtig eine historisch gewachsene Atmosphäre wirken kann. Schon im sommers dicht umwachsenen Biergarten spürt man, einmal niedergelassen, kaum noch etwas von dem Trubel drum herum. Und ist man erst in das eigentliche Lokal eingetaucht, spielt die Welt da draußen sowieso keine große Rolle mehr. Reichhaltige Portionen, faire Preise und ein süffiger Apfelwein (»nicht zu süß, nicht zu herb«) – das sind die ersten Stichworte, die man in Sachsenhausen zum Schreiber-Heyne hört. Und gern wird hinzugefügt, dass diese Apfelwein-Wirtschaft noch immer abseits der ausgelatschten Touristenpfade liegt. Was dann noch an Pluspunkten hinzukommt, betrifft die Inneneinrichtung. Hier wurde eine geschichtsträchtige Theke mit über Jahrzehnte gesammelten Frankfurter Antiquitäten und Andenken, Bembeln, Bildern und Nippeselementen kombiniert. Dem Standort gemäß spielt dabei die Frankfurter Eintracht eine kaum zu übersehende Rolle in Form von Wimpeln, Plakaten und 70er-Jahre-Sammelbildchen.

Dass es dieses gastronomische Verlies überhaupt gibt, ist zwei Frauen zu verdanken: 1880 war das Lokal von einem Sachsenhäuser Gärtner als Straußenwirtschaft eröffnet worden, aber rund 20 Jahre später standen dann Rosa Schreiber und später ihre Tochter Teny Heyne hinter dem Tresen. Fortan gab es hier auch etwas zu essen, und der Status wechselte zur sogenannten Apfelweinloge. Das aus heutiger Sicht seltsam und wenig profitabel anmutende Konstrukt sah vor, dass der Stammgast seinen eigenen Apfelwein hier im Gewölbekeller einlagerte, auf dass er ihn bei seinem nächsten Besuch kredenzt bekomme. Heutzutage steht neben dem »Ebbelwoi« ein weiterer Frankfurter Spezialdrink auf der Karte: das »Mispelchen«, eine saftige Einmach-Mispel serviert mit Calvados.

Adresse Mörfelder Landstraße 11, 60598 Frankfurt am Main-Sachsenhausen, www.schreiber-heyne.de | **ÖPNV** U1, 2, 3, 8, Tram 14, 15, 16, 19 bis Haltestelle Südbahnhof | **Öffnungszeiten** täglich ab 17 Uhr | **Tipp** Als Zentrum des Apfelweinviertels Sachsenhausen gilt die Klappergasse ein paar 100 Meter weiter nördlich.

35 Pfeffersack

Speis und Trank im Oberbergbauamt

Wer durch die Kirchgasse streunt, findet den Pfeffersack nicht unbedingt auf Anhieb. Denn da ist zunächst einmal ein Tordurchgang zu passieren und sodann ein großer Innenhof zu überqueren. Im Sommer sitzen hier mit Sicherheit Leute, denn das Geviert beherbergt zugleich den beliebten Biergarten des Lokals. Als Pfeffersäcke bezeichnet man reiche Kaufleute, denn Gewürze waren in alter Zeit ein wertvolles Gut. Der Name dieses Lokals ist von daher treffend gewählt, denn in diesen Mauern residierten einst nicht gerade die ärmsten Einwohner von Freiberg. Der Schönbergsche Hof, wie der gesamte Gebäudekomplex heißt, geht auf ein thüringisch-sächsisches Adelsgeschlecht zurück. Von der Mitte des 16. bis tief ins 18. Jahrhundert hinein leiteten die Schönbergs von Freiberg aus das sächsische Bergbauamt – ein enorm lukrativer Job. Einer der Abkömmlinge, Georg Friedrich von Schönberg (1586–1650), machte sich um die Stadt zudem im Dreißigjährigen Krieg verdient, als seine Truppen den schwedischen Angriffen trotzten. Im Freiberger Dom findet man bis heute die Grabkapelle der Familie.

Viel Geschichte ist also mit diesem Haus an der Kirchgasse verbunden. Wenn sich die Gastwirtschaft heute den Vornamen »Historisch« gibt, so trifft dies jedoch streng genommen nur auf das Gebäude zu. Nachdem das Oberbergamt hier verschwunden war, diente das Haus unterschiedlichsten Zwecken. Zu DDR-Zeiten verfiel es, wie so vieles in Ostdeutschland. Zeitweise war im ersten Stock eine Lederfabrik untergebracht. Und wo man heute beim Bier sitzt, parkten Autos. Dem Kunststoffpolster der Trabis folgten nach der Renovierung die lederbezogenen Sessel von heute. Die erhaltene Gewölbedecke dockt an alte Zeiten an, genauso die schmiedeeisernen Kandelaber und die auf Mittelalter getrimmte Speisekarte. Und das rückwärtige Zechergemälde mit Pfaffe, Förster und Schankwirt ist sowieso die Krönung.

Adresse Kirchgasse 15c (im Schönbergschen Hof), 09599 Freiberg, www.historische-gastwirtschaft-pfeffersack.de | **ÖPNV** Bus E, 749, 750 bis Haltestelle Schlossplatz | **Öffnungszeiten** Di–So 12–14.30 und ab 18 Uhr | **Tipp** Der Dom mit der Schönbergschen Kapelle liegt in unmittelbarer Nähe.

36 Löwen

»Udo was here«

Ingo Munkelt galt einst als der jüngste Direktor eines Hilton Hotels, bevor er 1968 den Freiburger Löwen übernahm. Irgendwann kam er auf die Idee, beim Ordnungsamt wegen einer 3-Uhr-Nachtkonzession nachzufragen. Die Beamten dort reagierten mit einem verständnislosen Kopfschütteln, akzeptierten aber schließlich das schräge Ansinnen. Seitdem hat sich das Lokal an der Herrenstraße seinen gastronomischen Ruf hart erarbeitet. Nirgendwo sonst – mal abgesehen von den einschlägigen Fastfoodketten – bekommt man in Freiburg auch des Nachts noch warmes Essen. Hier trafen und treffen seit Jahrzehnten die Taxifahrer und sonstigen Schichtarbeiter auf hungrige Studenten zwischen zwei letzten Bieren. Wie eh und je ist auch heute noch die Haxe der Topfavorit unter den Gerichten. Das butterweiche Fleisch erhält der hungrige Nachtschwärmer samt Brot und einem halben Liter Ganter Bier zum Vorzugspreis. Nicht zu vergessen: die hauseigene, ein wenig an Béarnaise erinnernde Sauce.

Das mittelalterliche Städtchen an der Dreisam verfügt sicherlich über »schönere«, »lukullischere« und historisch durchgestyltere Gaststätten als den Löwen. Dafür jedoch besticht dieses Lokal durch seine unaufgeregte Authentizität. Der rechteckige, nicht besonders große Raum wird hinten vom dauerbesetzten Stammtisch, nach oben hin von rot berockten Lämpchen begrenzt. Gipfel des Profanen: die umlaufenden Wurzelstrünke. Darunter jedoch zeigt sich, wie anziehend das Unspektakuläre gerade auf jene wirkt, die es normalerweise anders kennen. Denn dieses Hotelrestaurant war zu allen Zeiten eine beliebte Künstlerabsteige, wie die versammelten Grußbotschaften belegen. Hier schlief, aß und trank Peter Alexander genauso wie Franz Beckenbauer, Chris de Burgh oder der gleich mehrfach verewigte Udo Lindenberg. Und was schrieb er neben sein an Loriot erinnerndes Nacktmännchen? »Sexy Udo was here.« – Me too!

Adresse Herrenstraße 47, 79098 Freiburg-Altstadt, www.hotelloewen.de | ÖPNV Stadtbahn 1 bis Haltestelle Oberlinden | Öffnungszeiten täglich ab 12 Uhr | Tipp Der Löwen ist bereits mittags recht voll. Wer sich Fotogalerie und Widmungen in Ruhe anschauen will, sollte es eher am Nachmittag versuchen.

37 Schlappen

Plakate, Whisky und ein Spiegelpissoir

Der vielleicht charakteristischste Einrichtungsgegenstand des Schlappen ist jene riesige Tropfenkerze links an der Wand. Denn von Wachsströmen überlaufene Flaschen, vorzugsweise bauchige Korbflaschen aus Italien, waren einst das Markenzeichen jeder Studentenkneipe und -WG. In dieser Gründerphase der späten 70er und frühen 80er Jahre hießen solche Lokale dann auch vorzugsweise Podium, Museum, Klamotte, Stiefel oder eben: Schlappen. Wie alle älteren Studententreffs besteht auch dieser vornehmlich aus dunklem Holz. Statt einer modernen Klimaanlage rauschen hier sommers altertümliche Ventilatoren, und wo die Wände unverkleidet sind, wird selbstverständlich weder tapeziert noch gestrichen. Denn dort hängen Plakate – bunt, von großen Ereignissen kündend und vor allem kreuz und quer. Während jedoch andernorts eher auf vergangene Blockbuster und legendäre Rockkonzerte gesetzt wird, verblüfft im Schlappen die Hochkulturquote: Statt an Jimi Hendrix oder Rory Gallagher erinnern die Poster an eine Aufführung der »Zauberflöte«, an Dürrenmatts »Physiker« und Lessings »Nathan der Weise«.

Der 1983 in den Räumen einer ehemaligen Pizzeria gegründete Schlappen gilt heute als Freiburgs absoluter Spitzenreiter in Sachen Bierausstoß. Nicht vergessen sollte man darüber jedoch die offenkundig mit Passion angelegte Whiskysammlung in den Regalen hinter der Theke. Über 100 verschiedene Sorten warten auf ihre Glasabfüllung, angefangen beim gewöhnlichsten Jim Beam und endend bei einem Macallan Speymalt für 66 Euro pro Einheit.

Wie alle Gebäude der Freiburger Innenstadt blickt auch der Schlappen auf eine lange Geschichte zurück. Augenfällig wird sie am Eingang zur Herrentoilette, die man über eine unter Glas liegende Latrine aus dem 11. Jahrhundert betritt. Und dahinter wartet, zumindest auf die männlichen Besucher, ein ebenso originelles wie gewöhnungsbedürftiges Spiegelpissoir.

Adresse Löwenstraße 2, 79098 Freiburg-Altstadt, www.schlappen.com | **ÖPNV** Stadtbahn 1, 5 bis Haltestelle Stadttheater | **Öffnungszeiten** Mo–Sa ab 11 Uhr, So ab 15 Uhr | **Tipp** Im Schlappen bekommt man kleine Speisen, die man auch im Außenbereich vor der Tür essen kann.

38 Dachsbau

Kneipenzoo und Zauberfass

Dachse sind Allesfresser, aber jene auf der Fassade des Fuldaer Dachsbaus laben sich an dicken, runden Trauben. Auch wer das Innere des Traditionslokals betritt, stößt auf Vertreter des »Grimbart«, wie er in alten Fabeln genannt wird. In dem engen Schlauch zur Gaststube stand im 19. Jahrhundert die sogenannte »Dallesbank«, auf der Stammgäste und Originale bei Apfelwein und Korn die Welt sezierten. Schrullig wie die Trinker kamen auch einige Wirte in der rund 150-jährigen Gastronomiegeschichte des Hauses daher. Da war beispielsweise Georg Karl Schwarz, der hier ab den 1860er Jahren hinterm Ausschank stand. Zur Belustigung seiner Gäste hielt er sich ein Schwein, das auf Kommando durch einen Reifen sprang und zu seiner Geige anmutig auf zwei Beinen tanzte. Schwarzens Hund wiederum konnte angeblich Bier trinken wie ein Alter und »Mama« rufen. Darüber hinaus gehörten mehrere Katzen ebenso zum Kneipenzoo wie Eidechsen und Laubfrösche. Dass er ein Fass besaß, aus dem wie durch Hexerei wahlweise Rotwein, Weißwein oder Likör floss, mutet da schon beinahe normal an.

Einer seiner Nachfolger wurde 1926 Gustav Iller. Der studierte Kunstmaler scharte (Lebens-)Künstler aller Art um seine Tische. Außerdem machte er sich im Städtchen einen Namen als Heimatforscher, der unter anderem die »Vereinigung für Familien- und Wappenkunde zu Fulda« ins Leben rief.

Die Zeiten, da der Dachsbau neben Wein und Schnaps auch Kolonialwaren führte, sind lange vorbei. Seit gut zwei Jahrzehnten wird er stattdessen als Feinschmeckerlokal betrieben. Weil die Pfandhausstraße in der Fuldaer Fußgängerzone liegt, kann man sommers auch draußen dinieren. Wein bekommt man hier natürlich noch immer – über 100 verschiedene Sorten sogar. Und omnipräsent ist auch weiterhin das Wappentier – ob in Öl an der Wand, als Holzfräsarbeit an den Stuhllehnen oder aus Sandstein vor der Tür.

Adresse Pfandhausstraße 8, 36037 Fulda-Innenstadt, www.dachsbau-fulda.de | **ÖPNV** Bus 1, 2, 3, 4, 5, 6, 7, 8, 9a, 9b bis Haltestelle Stadtschloss | **Öffnungszeiten** Mi–So 12–14 und ab 18 Uhr | **Tipp** Bis zu Fuldas Hauptsehenswürdigkeiten rund um den Dom ist es nur ein kurzer Fußmarsch.

39_Zum Löwen

Eine italienische Reise

»An einem heiteren Morgen, vor Sonnenaufgang, schritt ich daher von Wetzlar an der Lahn hin, das liebliche Tal hinauf; solche Wanderungen machten wieder mein größtes Glück.« Dies berichtet Johann Wolfgang von Goethe in seinen Memoiren »Dichtung und Wahrheit«. Stattgefunden hat jener Spaziergang am 18. August 1772, und er endete in der Gießener Gastwirtschaft Zum Löwen.

Der spätere Dichterfürst war erst 22 Jahre alt und arbeitete als Referendar am Wetzlarer Reichskammergericht. In Gießen traf er sich mit seinem Freund Julius Friedrich Höpfner, der es trotz seiner jungen Jahren bereits zum Jura-Professor an der Gießener Universität geschafft hatte. Dass der Ort ihres Zusammentreffens heute noch aufgesucht werden kann, gleicht einem Wunder, wurde das historische Gießener Stadtzentrum mit seinen vielen Fachwerkbauten im Zweiten Weltkrieg doch fast vollständig zerstört. Nur wenige Häuser entgingen den Brandbomben, unter ihnen das am Neuenweg 8.

Wäre auch wirklich schade drum gewesen, denn das im frühen 17. Jahrhundert errichtete Gebäude weist einige architektonische Eigenheiten auf. Unter konservatorischen Gesichtspunkten besonders wertvoll sind unter anderem die profilierten Schalbretter an der Fassade, die umlaufend die Köpfe der Querbalken verblenden. Hier wird, so der Fachmann, ein rheinischer Einfluss sichtbar. Während die eleganten Rundbogenfenster im Parterre immerhin noch von 1884 stammen, verliert sich die Historie im Innern des Löwen. Zahlreiche Umbauten haben jede Patina restlos vernichtet, sodass man schöner draußen mit Blick auf die Außenwände sitzt. Dem berühmten Gast von einst hätte heute immerhin gefallen, dass das Lokal seit den 1970ern von Italienern geführt wird und die entsprechenden Speisen und Weine im Angebot hat. Denn 14 Jahre nach seinem Spaziergang zum Löwen brach Goethe zu seiner schicksalsträchtigen »Italienischen Reise« auf.

Adresse Neuenweg 8, 35390 Gießen, www.neuenweg-giessen.de/zumloewen.html | **ÖPNV** Bus 1 bis Haltestelle Johanneskirche, Bus 5 bis Katharinengasse, Bus 220 bis Berliner Platz | **Öffnungszeiten** Mo–Sa ab 11 Uhr | **Tipp** Gießens interessantestes Museum ist dem Chemiker Justus Liebig gewidmet (www.liebig-museum.de).

40 Der Kleine Heinrich

Duck di!

Der Name ist Programm: Wie ein kleiner Bruder duckt sich dieses Haus zwischen seine viel größeren Nachbarn. »Duck di« steht auch auf einem Balken im Obergeschoss, und das sollte man ab etwa 1,80 Meter Körpergröße durchaus ernst nehmen. Gar nicht so klein hingegen sind die Verdienste des Namenspatrons dieses Hauses. Denn der Kleine Heinrich war ein sehr erfolgreiches Segelschiff, das die Weltmeere exklusiv für die Gemeinde Glückstadt durchpflügte. 1813 in Baltimore gebaut, gehörte es ab 1817 zur städtischen Wal- und Robbenfang-Flotte, die vor allem im nördlichen Eismeer auf die Jagd ging. Auch auf dem Kleinen Heinrich spielten sich Tragödien ab, so mancher Seemann fiel dem Blanken Hans zum Opfer. Aber insgesamt gilt dieser Windjammer als erfolgreichstes Glückstädter Schiff überhaupt.

Der Kleine Heinrich fuhr bis 1882 zur See und versank dann in einem schweren Sturm vor Helgoland. Auch das nach ihm benannte Haus am Markt stand einst kurz vor dem Ende. Nur eine vierjährige Restaurierung verhinderte in den 1980ern den totalen Verfall eines der ältesten Glückstädter Kaufmannshäuser. Der dänische König Christian IV. hatte den Ort 1616 auf dem Reißbrett entwerfen und an den Unterlauf der Elbe setzen lassen. 76 Jahre später wurde der »Heinrich« errichtet, der auf eine lange gastronomische Tradition zurückblickt. Sein heutiges Aussehen verdankt er vor allem der Wirtin Katrin Ewald und ihrem kraftvollen Gestaltungswillen. In mancherlei Hinsicht erinnert die Ausstattung an eine Patrizierstube aus vergangenen Jahrhunderten. Auffällig vor allem: die eigenwillig bemalten blau-weißen Wandkacheln des einheimischen Malers Hans-Peter Wirsing (1938–2009). Der »Salzwasser-Dalí«, wie er zuweilen genannt wurde, erinnert mit maritimen Motiven an die vergangene Schifffahrtszeit der Stadt. Und dass hier zudem ein großes Modell vom kleinen Heinrich unter der Decke hängt, kann man nun ahnen.

Adresse Am Markt 2, 25348 Glückstadt, www.der-kleine-heinrich.de | **ÖPNV** Bus 6201, 6202, 6203, 6204 bis Haltestelle Markt | **Öffnungszeiten** täglich ab 11.30 Uhr | **Tipp** Die weitere Geschichte der Stadt lässt sich gut aufgearbeitet im Detlefsen-Museum studieren (www.detlefsen-museum.de).

41 Restaurant Schwibbogen

Gotik in Niederschlesien

Bögen, wohin man auch sieht: Durch große Bogenfenstern erhält der Gastraum sein Licht, und ein gotisches Kreuzgewölbe bildet seine Decke. Der berühmteste Bogen jedoch ist der an der Hinterseite des Hauses, der sogenannte Schwibbogen, der die kleine Brüderstraße überspannt. Und nach ihm ist das Gebäude an der Ecke zum Obermarkt auch benannt.

In spätgotischer Manier 1533 erbaut, wohnte hier von 1569 bis 1572 der Meistersinger und Hans-Sachs-Schüler Adam Puschmann. Auch in späterer Zeit beherbergte der repräsentative Bau häufig bedeutende Familien der Stadt. Eine frühe gastronomische Nutzung ist nachgewiesen: Bis 1850 wurde hier eine Brauerei betrieben. 1869 allerdings zog ein Juwelier ein, dessen Nachkommen für die nächsten 80 Jahre als Goldschmiede aktiv blieben. Stolz verweist man auf der Website darauf, dass in dieser Werkstatt auch die Amtskette des Oberbürgermeisters entstand. 1971 jedoch wurde wieder gebechert statt gedengelt. Anlässlich der 900-Jahr-Feier der Stadt öffnete das Café Schwibbogen seine Pforten. Nach einer erneuten Unterbrechung als Folge der Wiedervereinigung fand der Schwibbogen 1995 als Restaurant und Gaststätte zurück auf die gastronomische Schiene.

Görlitz ist die Stadt mit den meisten Baudenkmälern in ganz Europa, deshalb lohnt sich ein Tisch am Fenster mit Blick auf den Obermarkt. Einfacher ist das natürlich im Sommer, wenn die Stühle direkt open air auf dem Platz stehen. Da sieht man dann auch den berühmten Barockbau Nummer 29, dessen Mauern bereits Napoleon, Zar Alexander I. und Preußenkönig Friedrich Wilhelm III. beherbergt haben sollen. Das dem Schwibbogen angeschlossene Hotel wartet demgegenüber mit einer künstlerischen Sensation auf. Denn hier legte man 2011, unter 18 Schichten Farbe versteckt, ein großformatiges Wandgemälde frei, das offenbar von einem Schüler Lucas Cranachs d. Ä. (1475–1553) stammt.

Adresse Obermarkt 34, 02826 Görlitz-Altstadt, www.schwibbogen-goerlitz.de | **ÖPNV** Tram 2, 3, Bus A, B, C bis Haltestelle Demianiplatz | **Öffnungszeiten** Mi–Mo ab 11.30 Uhr | **Tipp** Vom Obermarkt runter zur Neiße gelangt man über die Altstadt-Fußgängerbrücke nach Polen.

42 Die Butterhanne

L.m.a.A.

Auf den ersten Blick ist die Butterhanne ein seltsames Wahrzeichen für eine Stadt. Wer ginge denn mit einer Magd hausieren, die beim Stampfen der Butter ihren Rock rafft und das Hinterteil entblößt?! Aber was auf den ersten Blick vulgär wirkt, hat einen geradezu emanzipatorischen Hintergrund. Die Butterherstellung von Hand ist nämlich eine schwierige Sache, weshalb man in mittelalterlicher Zeit für den Erfolg gern mit Hexen und Magiern paktierte. Hanne jedoch ließ sich auf solche Händel nicht ein und zeigte dem Teufel stattdessen ihre nackte Kehrseite. »Leck mich am Arsch«, sollte das wohl heißen, und ganz zu Recht sieht man die hemdsärmelige Frau deshalb auf mehreren Wandmalereien des Lokals.

Dieses Haus am Markt, das sich nach ihr benannt hat, könnte die Butterhanne sogar gekannt haben. »So der herr dis haus nit behüttet/so wachen die wechters vergebens«, besagt der weise Spruch im Gebälk. Und dahinter steht eine Jahreszahl: 1577. Ursprünglich residierte hier, direkt gegenüber der Marktkirche, die Gilde der Filzhutmacher. Das 20. Jahrhundert sieht das Haus zunächst als repräsentatives Hotel und sodann als Rats-Café. Später wurde dort getanzt statt geschlafen, die Diskothek »Tiffany« erstreckte sich wie die heutige Butterhanne über zwei Etagen.

Südlich von Goslar liegt der Rammelsberg, jenes ehemalige Erzbergwerk, das inzwischen zum Weltkulturerbe zählt. Ein wenig erinnert sein imposant gestufter Aufbau an das Interieur der Butterhanne, wo man ebenfalls über mehrere Ebenen bis ganz nach hinten schreitet. Auch äußerlich kragen die oberen Etagen des Gebäudes jeweils ein Stückchen über und wachsen gefährlich über die schmale Gasse namens Gemeindehof. Wie nebenan im Goslarer Brauhaus wird auch in der Butterhanne eine lokale Bierspezialität in die Gläser gefüllt: Gose, ein Gerstensaft, dem die Milchsäuregärung seinen eigentümlich säuerlichen Geschmack verleiht.

Adresse Marktkirchhof 3, 38640 Goslar-Altstadt, www.butterhanne.de | **ÖPNV** Die Butterhanne liegt zentral in der Goslarer Fußgängerzone. | **Öffnungszeiten** täglich ab 8.30 Uhr | **Tipp** Eine populäre Darstellung der Butterhanne liefert eine der Knaggen des »Brusttuchs«, eines Patrizierhauses gegenüber der Westfront der Marktkirche.

43 Weinschänke

Schäferei, Gesang und Müßiggang

Es gibt in Gotha hübschere Ecken als die der Luther- und der viel befahrenen Gartenstraße. Aber man findet schwerlich ein schöneres Restaurant in der Schlossstadt. Das imposante Haus wurde 1902 für die Gothaer Familie Böhm erbaut. Von Beginn an diente das Erdgeschoss als Gaststätte, und zwar erstaunlicherweise als Weinschänke. Gotha ist eigentlich keine Weingegend, aber dieser Schwerpunkt hat sich bis heute erhalten. Der Wein kommt hier vorrangig aus deutschen Landen, und auch die (gehobene) Küche ist gutbürgerlich-deutsch ausgerichtet. Speis und Trank vereint finden sich in der Spezialität des Hauses, dem »St.-Gothardus-Taler«, für den Thüringer Klöße mit Gothaer Pils, Thüringer Wurst und Sauerkraut kombiniert und zu Talern geformt werden.

Als in Ostdeutschland 1948 die sogenannte »Handelsorganisation« (HO) gegründet wurde, gelangte bald auch die Weinschänke unter dieses Dach. Große gastronomisch-gestalterische Entfaltung war in dieser Zeit nicht möglich, und 1987, drei Jahre vor dem endgültigen Ende der DDR, schloss die Weinschänke. Eine umfangreiche Renovierung war geplant, aber bereits im Vorfeld ging das Geld aus. Mehrere Jahre lang stand das Lokal leer, bevor 1992 die Wiedereröffnung unter anderen Vorzeichen folgte.

Wer heute hier eintritt, bestaunt die attraktive Inneneinrichtung: In diesen Nischen – Kojen oder Beichtstühlen ähnlich – möchte man sich sofort nieder- und den lieben Gott einen guten Mann sein lassen. Die edlen Wandvertäfelungen stammen noch aus den 1920er Jahren, und die Gemälde darüber sind ebenfalls historisch, wenn auch niemand mehr weiß, wer sie einst geschaffen hat. Um die Szenen von Schäferei, Gesang und Müßiggang wieder sichtbar zu machen, wurden die Bilder von den Gothaer Schlossmuseums-Restauratoren eigens aufgefrischt. Die Originale der im Eingangsbereich versammelten Stiche von Alt-Gotha wiederum hängen oben im Schloss Friedenstein.

Adresse Gartenstraße 28, 99867 Gotha, www.restaurant-weinschaenke.de | ÖPNV Bus A, B, C, F, Bahn 1, 3, 4 bis Haltestelle Gartenstraße | Öffnungszeiten Di–Sa 11.30–14.30 und ab 18 Uhr, So 11.30 bis 14.30 Uhr | Tipp Bis zum Gothaer Schloss-Museum ist es nur ein kurzer Fußweg (www.stiftungfriedenstein.de).

44__Junkernschänke

Eine »wüste Stelle«

Das Schicksal von Wirtshäusern ist eng verknüpft mit dem ihrer Pächter. Manche Lokale haben Glück und bleiben über Generationen in der Hand einer fähigen Gastronomenfamilie. Andere wiederum leiden unter ständigen Besitzerwechseln und rutschen von einem Ruin in den nächsten. In der Göttinger Junkernschänke kann man davon ein Lied singen.

Eigentlich gilt dieses großartige Gebäude an der Barfüßerstraße als älteste Göttinger Weinstube. Nach der Errichtung Mitte des 15. Jahrhunderts bewohnte das Haus 1499 bis 1531 der Bildschnitzer Bartold Kastrop. Der Zeitgenosse Tilman Riemenschneiders war vor allem für seine ruhigen Madonnenfiguren bekannt. Obwohl es den Anschein hat, stammen die zahlreichen Schnitzfiguren an der Hausfassade jedoch nicht von Kastrop, sondern wurden erst in den Jahren 1547/48 angebracht. Sie zeigen neben biblischen Szenen und Tierkreiszeichen auch die Gesichter der damaligen Besitzer, Bürgermeister Giselher Swanenvlogel und seine Frau Othilia. Bald danach gaben sich hier die verschiedensten Eigentümer die Klinke in die Hand. Das Haus verfiel derart drastisch, dass ein Stadtplan von 1702 diesen Bauplatz als »wüste Stelle« verzeichnet. Ab 1797 dann ist die Nutzung des Gebäudes als Kaufmannsladen nachgewiesen. Während hier zunächst Gewürze und Eisenwaren vertrieben wurden, wechselte Hermann Mütze 1883 auf die gastronomische Schiene. Seine »Altdeutsche Weinstube« wurde später als »Die alte Mütze« bekannt.

Auch das 20. Jahrhundert brachte der Junkernschänke zahlreiche neue Besitzer. Mal war es der Kreishandwerkerbund, der hier eine Gaststätte betrieb, mal folgten Jahre als gutbürgerliches Restaurant. 1983 und 2003 ließ man dem Bauwerk größere Sanierungen angedeihen, die nicht zuletzt der prachtvollen Fassade zu neuem Glanz verhalfen. Und was wird dahinter serviert? – Nun, zurzeit ist die Junkernschänke ein Steakhaus.

Adresse Barfüßerstraße 5, 37073 Göttingen, www.junkernschaenke.de | **ÖPNV** Bus 6, 7, 8 bis Haltestelle Jüdenstraße | **Öffnungszeiten** täglich ab 12 Uhr | **Tipp** In der St.-Marien-Kirche (Neustadt 21) findet man zwei Werke des erwähnten Hausbewohners Bartold Kastrop: den Hauptaltar und die Madonna auf der Mondsichel.

45 Klosterschenke Eldena

Ruinenromantik und Gasthausgeschichte

Die Klosterruine von Eldena wurde im frühen 19. Jahrhundert zu einem Inbegriff der deutschen Romantik. Caspar David Friedrich malte die monumental-verträumten Relikte des mittelalterlichen Bauwerks gleich mehrmals, und über ihn wurde auch der Preußenkönig Friedrich Wilhelm IV. zum Fan. Wer sich allerdings eher für historische Gaststätten interessiert, für den steht die nur wenige 100 Meter entfernte Klosterschenke Eldena der berühmten Kirchenruine in nichts nach. Und auf ein paar abwechslungsreiche Jahrhunderte schaut auch die Schenke inzwischen zurück.

Das heutige Gebäude stammt von 1842. Eine erste Erwähnung des Lokals findet sich allerdings schon in einer Aufstellung des Klosterinventars aus dem Jahr 1633, wo von einem »Krug auf halbem Wege zwischen Windmühle und Kloster« die Rede ist. Andere Notare verzeichnen, dass hier zwischen 1855 und 1921 16-mal der Besitzer wechselte. Als dann jedoch Wilhelm Jochens das Lokal übernahm, kehrte Ruhe ein, seine Familie steht bis heute hinter den Zapfhähnen. Glücklicherweise waren sämtliche Jochens-Wirte keine blinden Modernisierer, sondern pflegten stattdessen ihr vorhandenes Inventar. So kommt es, dass man hier heutzutage ein interessantes Gemenge historischer Möbel und Thekenutensilien vorfindet. Beim Bau des Fliegerhorstes Greifswald zwischen 1934 und 1936 etwa schliefen im großen Saal 150 Arbeiter, die morgens mit Kaffee versorgt wurden. Vom Gewinn dieser Jahre wurden die Kneipenstühle gekauft, auf denen man heute noch sitzt. Der Tisch gegenüber der Theke wiederum stammt aus Kriegszeiten und stand früher als Birnbaum vor dem Haus. Viele der restlichen Möbel sowie das 1984 verlegte Saalparkett spiegeln schließlich den Stil der DDR-Jahrzehnte.

1995, und damit sind wir praktisch in der Gegenwart angekommen, begann der »Umbau auf maritim«. Und was das im Einzelnen bedeutet, fragt man am besten den seebärigen Wirt.

Adresse Wolgaster Landstraße 27, 17493 Greifswald-Eldena | **ÖPNV** Bus 2, 3 bis Haltestelle Eldena-Mühle | **Öffnungszeiten** Fr–Di ab 11 Uhr | **Tipp** Das Seezeichen vor der Tür bedeutet: östlich von hier gefährliche Untiefe – die Klosterschenke.

46 Zur Linde

Ein schmuckes Schmugglerstück

Aus den zahlreichen historischen Inventarstücken dieses altehrwürdigen Lokals ragt eine schmucke Standuhr heraus. Ein Schmugglerstück soll sie sein, zurückgelassen einst von düsteren Gesellen, die jäh die Flucht hatten ergreifen müssen. Aber dies ist nur eine von zahlreichen Geschichten und Anekdoten rund um die Isselhorster Linde.

Erbaut wurde das Haus im Jahr 1677, dies belegen die Inschriften über den großen Eingangstoren. Das schlichtere führte ursprünglich in die Landwirtschaftsdeele, hier fanden Fuhrwerke und Kutschen Platz. Das zweite, reicher verzierte, diente als Wohn- und Verkaufsbereich. 1752 kam hier die Treppe samt Zimmergalerie hinzu. Inzwischen stoppte in Isselhorst regelmäßig eine Überland-Postkutsche, sodass die Wirtsleute einigen Profit mit neuen, separat gelegenen Gästeräumen erzielten. Deren schickster hatte ein Fensterchen zum Schankraum hin – so konnte der feine Herr dem unten nächtigenden Kutscher oder Diener umstandslos seine Anweisungen geben.

Die Theke der Linde kommt nicht zufällig zweigeteilt daher. Denn während auf der linken Seite früher Lebensmittel und Kolonialwaren gehandelt wurden, war die rechte den Trinkern vorbehalten. Allein jener Thekenplatz direkt rechts hinterm Eingang ist einen Ausflug nach Isselhorst wert. Da sitzt man im Halbdunkel eines uralten, hohen, archaischen Gebäudes und trinkt seinen Humpen ganz wie die Vorfahren. Und wer sich dort wundert, warum vor seinen Knien hölzerne Klappen baumeln: Damit wurde zur Polizeistunde der Tresen verschlossen, denn irgendwann, so war das und so ist das, muss immer Schluss sein. Die namensgebende Linde war übrigens einst mit einer festen Leiter versehen, ihre Äste bildeten die beliebtesten Plätze des Biergartens. Leider fiel sie 1940 einem Sturm zum Opfer. Aber vor der Tür, an ihrer Stelle, wächst bereits die nächste Generation heran.

Adresse Isselhorster Kirchplatz 5, 33334 Gütersloh-Isselhorst, www.zur-linde-isselhorst.de | **ÖPNV** von Gütersloh aus Bus 87 bis Haltestelle Isselhorst-Kirchplatz oder Bus 95 bis Isselhorst-Denkmal | **Öffnungszeiten** Mo und Mi ab 17 Uhr, Do und Fr 11–14 und ab 17 Uhr, Sa und So ab 11 Uhr | **Tipp** Nebenan hat der Gastwirt ein privates Feuerwehrmuseum mit über 50.000 Objekten eingerichtet (siehe Homepage).

47_Oberhafen-Kantine

Das schiefe Haus am Kai

Als Anita Haendel zwölf Jahre alt war, nahm ihr Vater sie von der Schule. Der hatte nämlich in jenem Jahr 1925 gerade die Oberhafen-Kantine gebaut, die Tochter sollte in der Küche mithelfen. Und das tat sie dann – für die nächsten 72 Jahre und jeden Morgen ab fünf Uhr.

Kaffeeklappen wie diese waren früher typisch für Hamburg. Über 20 dieser Kleingebäude soll es einmal gegeben haben, aber nur die Oberhafen-Kantine ist bis heute erhalten geblieben. Hier holten sich die Hafenarbeiter ihren Kaffee und das Pausenbrot, bevor es wieder an die harte Arbeit ging. Wenn auch das Publikum inzwischen ein anderes ist, so blieb die Atmosphäre doch ausgesprochen hanseatisch. Hier trinkt man am Fluss, der irgendwie auch das Meer ist, die Wellen schwappen gegen den Kai, und die Möwen picken weg, was übrig bleibt.

Der Tod Anita Haendels 1997 war ein harter Einschnitt für das traditionsreiche Lokal. Kurz darauf wurde es vom Ordnungsamt aus genau dem Grund geschlossen, der es so außergewöhnlich macht: Dieses Haus steht schief, es steht sogar sehr schief! Keine Bombe traf je sein Dach, aber Überschwemmungen kamen und gingen. Obwohl sie nie den Thekenbetrieb zum Erliegen brachten, leckte jede Sturmflut am Fundament, und jede Unterspülung vergrößerte den Neigungswinkel des seltsamen Häuschens mit dem noch kurioseren Aufsatz. Auch die Erhebung zum Denkmal im Jahr 2000 stoppte zunächst nicht den Verfall. Weitere zwei Jahre mussten ins Land ziehen, bevor sich ein Investor fand, und erst 2005 begann die Renovierung. Aber was dabei geschaffen wurde, kann sich sehen lassen. Die Oberhafen-Kantine wurde zurückverwandelt in die Ära der legendären Wirtin. Der gekachelte Tresen strahlt in frischem Badezimmer-Grün, friesisch-herb kontrastiert vom ochsenblutigen Thekenschrank. Und selbst der per Fußkurbel betriebene Speisenaufzug, so heißt es, arbeitet wieder tadellos.

Adresse Stockmeyerstraße 39, 20457 Hamburg-HafenCity, www.oberhafenkantine-hamburg.de | **ÖPNV** U1 bis Haltestelle Steinstraße | **Öffnungszeiten** täglich ab 12 Uhr | **Tipp** Die Stockmeyerstraße gehört heute zum Stadtteil HafenCity, nicht weit ist es unter anderem zur berühmten Speicherstadt.

48 Zum Silbersack

Hans, Hilde, Freddy und die anderen

Man muss schon auf Kaschemmen stehen, wenn man den Silbersack betritt. Aber wer diese Vorliebe besitzt, wird den Besuch nicht bereuen. Dieser schäbig verklinkerte Flachbau mit der absurd großen, kirmesartigen Neonreklame bietet alle Voraussetzungen für einen bierseligen Abend. Draußen vor der Tür tobt sich die Trostlosigkeit eines traditionellen Rotlicht-, Drogen- und Gangsterviertels aus, und hier drin scheppert Status Quo aus der Musikbox. Versacken im Silbersack: Tätowierte Typen hocken neben grundlos betrunkenen Frauen, misstrauisch-ängstlich beäugt von Touristen in einer der herrlichen Holznischen. Karierte Vorhänge dienen als Kontrast zu über und über beklebten Säulen, und klar: Hier trinkt man Astra aus der »Knolle« und schwört auf den FC St. Pauli.

Begonnen hat das alles am 25. Juni 1949 mit einer schlichten Holzhütte. Darin eröffneten Erna Thomsen und ihr Mann Friedrich ihre Kneipe Zum Silbersack, getauft nach der gleichnamigen Straße, die wiederum auf den Grundeigentümer Silversack zurückgeht, der 1697 den »Platz bei der alten Dröge« kaufte. Gerade einmal 24 Jahre alt war die Braunschweigerin damals, und offenbar unbeschwert genug, um in diesem rauen Klima zu bestehen. Der Silbersack zog nicht nur das Milieu an, sondern auch jede Menge Prominenz der frühen Nachkriegszeit. Hier standen Hilde Knef und Heinz Rühmann genauso am Tresen wie Curd Jürgens und Hans Albers. Als Erna 2012 mit 88 Jahren starb, erlosch die Lizenz, das Lokal machte dicht. Aber schon zwei Monate später hatte sich ein Konsortium aus 18 Käufern gefunden, die bereit waren, die Auflage der Thomsen-Kinder zu erfüllen: den Silbersack genau so weiterzuführen, wie er 63 Jahre lang existiert hatte.

Alles beim Alten? – Alles beim Alten! Und wer hängt noch immer versteckt zwischen den Wimpeln von Fortuna Düsseldorf und Pauli? – Freddy Quinn natürlich.

Adresse Silbersackstraße 9, 20359 Hamburg-St. Pauli | **ÖPNV** S1, S2, S3, S21 bis Haltestelle Reeperbahn, U3 bis St. Pauli | **Öffnungszeiten** täglich ab 18 Uhr | **Tipp** Mehr über den Stadtteil erfährt man im St.-Pauli-Museum in der Davidstraße (www.kiezmuseum.de).

49 Rattenkrug

Bayernbier und Weserrenaissance

Ein früher schriftlicher Hinweis auf den berühmt-berüchtigten Kinderentführer von Hameln findet sich gleich um die Ecke am sogenannten »Rattenfängerhaus«. Eingeschnitzt in einen seitlichen Balken steht dort zu lesen: »Anno 1284/Am Dage Johannis und Pauli/war der 26. Juni/Durch einen Pieper mit allerlei Farve bekledet gewesen/CXXX Kinder verledet/Binnen Hameln geboren/To Calvarie bi den Koppen verloren.«

Ebenfalls aus dem 13. Jahrhundert stammt der Rattenkrug, erbaut um 1220. Seine imposante Fassade ist allerdings rund 350 Jahre jünger, sie wurde von Baumeister Cord Tönnis für den späteren Bürgermeister Johann Rike (»Reiche«) errichtet. Die markant geschwungenen Übergänge kennzeichnen das sechsstöckige Gemäuer als Werk der Weserrenaissance. Der Erker vor der Stube wiederholt in verkleinertem Maßstab die Formen des Hauptgiebels. Der Ursprungsbau hingegen gehorchte noch gotischen Stilregeln. Wie diese optisch umgesetzt wurden, erkennt man an der gut erhaltenen rückwärtigen Fassade.

Jahrhundertelang hieß das repräsentative Gebäude an der Bäckerstraße nach seinem ersten Bauherren schlicht Rikehaus. Schon Johanns Vater hatte frühe gastronomische Wurzeln gelegt, als er 1535 der Brauergilde beitrat. Als Brauerei und Gaststätte wird der Rattenkrug jedoch erst seit dem 19. Jahrhundert genutzt, und seit einigen Jahren regiert in den denkmalgeschützten Hallen die Paulaner-Brauerei. Wer sich womöglich darüber mokiert, dass hier die Bayern Einzug gehalten haben, sehe sich diese gelungene Übernahme zunächst einmal an. Außerdem sei er an eine historische Parallele aus dem Jahr 1830 erinnert. Damals nämlich ging der Besitzer Heinrich Christian Förster dazu über, in diesem Haus ein seinerzeit in der Region völlig unbekanntes Bier zu brauen: bayrisches Lager. Sein Experiment, so erzählen die Hamelner Annalen, wurde ein großer Erfolg.

Adresse Bäckerstraße 16, 31785 Hameln-Innenstadt, www.rattenkrug.de | **ÖPNV** Bus 1, 2, 5, 40, 520 bis Haltestelle Münster | **Öffnungszeiten** täglich ab 11 Uhr | **Tipp** Mehr zur Sage um den Rattenfänger erfährt man im interaktiven Museum Hameln (www.hameln.de/kultur).

50 Broyhan-Haus

Der Bier-Sommelier und die Brauergilde

Cord Broyhan war ein gelernter Braumeister, der 1526 ein neues Bier kreierte. Dem Vernehmen nach war es etwas heller als die damals in Hannover üblichen Sude, und es enthielt auf Kosten des Weizen- etwas mehr Gerstenmalz. Jedenfalls, Broyhans Bräu kam an und entwickelte sich sogar zu einem Exportschlager. Und der Sommelier wurde in der Folge ebenso reich wie einflussreich: 1546 gründete er mit Kollegen die Brauergilde, aus der sich die heutige Gilde-Brauerei in der Südstadt entwickelte. Beiden Institutionen dient(e) der in jenem Jahr erstmals geprägte »Broyhan-Taler« als Markenzeichen.

Von seinem Profit kaufte sich Cord Broyhan 1537 ein Haus an der Kramerstraße in Hannovers Altstadt. Dessen Kellermauern, zwischen denen man inzwischen sitzen kann, stammen noch aus einem Vorgängerbau von etwa 1400. Was darüberliegt, wurde 1576 errichtet und gilt damit als zweitältestes Wohngebäude der Stadt. Vor den Broyhans lebten und arbeiteten hier vor allem Kramer. Lange nach dem Braumeister wurde dem viergeschossigen Bau seine klassizistische Fachwerkfassade vorgesetzt. Form und Farbe entsprechen nicht der ursprünglichen Gebäudefront, aber diese »Maske« von 1830 wurde dann auch bei der umfassenden Restaurierung zwischen 1984 und 1987 als bewahrenswert eingestuft.

Der gastronomische Bereich des mit allerlei Altertümchen ausstaffierten Broyhan-Hauses ist heute dreigeteilt. Unten das Gewölbe, oben die Restaurant-Deele und im Parterre die Schänke. Hier stehen die Stamm-, Messe- und touristischen Gäste ganz klassisch an der Theke. Was dort aus den Zapfhähnen kommt, hat allerdings mit dem Urahn des Hauses nichts mehr zu tun. Die Gilde-Brauerei ist zwar Hannovers ältestes Unternehmen und unter anderem ein Sponsor der Fußball-Bundesligamannschaft. Aber im Broyhan-Haus strömt kein Gilde Pilsener in die Gläser, sondern Einbecker.

Adresse Kramerstraße 24, 30159 Hannover-Mitte, www.broyhanhaus.de | **ÖPNV** U3, 7, 9 bis Haltestelle Markthalle/Landtag | **Öffnungszeiten** Mo–Sa ab 11 Uhr, So ab 11.30 Uhr | **Tipp** Auf Cord Broyhan geht auch Hannovers Stadtgetränk Lüttje Lage zurück, ein kompliziert zu trinkender Mix aus Bier und Schnaps.

51 Weinloch

Düsterbraun und geheimnisvoll

Heidelberg gilt den Touristen aus aller Welt als Inbegriff der Romantik. Abermillionen pilgern alljährlich hinauf zum Schloss, um sich die Überreste dieses irgendwie märchenhaften Bauwerks anzuschauen. Und danach streifen sie kamerabewehrt durch die engen Gassen, immer auf der Suche nach dem nächsten herausgeputzten Fachwerkhäuschen. Aber wie jede Vorzeigestadt, so hat auch Heidelberg seine düsteren Refugien. Eines von ihnen, das schönste, heißt Weinloch, und der Name passt perfekt. Denn in diese wunderbare Spelunke fällt man tatsächlich wie in ein Loch. Und wer nicht sportlich respektive charakterfest genug ist, kommt dort auch nicht so schnell wieder heraus.

Hauptverantwortlich für die Auskleidung des Lokals ist Karl Ledermann (1905–91). Als der ortsansässige Maler 1955 damit begann, die Wände des Weinlochs zu verschönern, soll ihm die Aussicht auf kostenfreie Weinschorlen den Pinsel geführt haben. Dementsprechend finden sich hier vor allem karikierende Kneipenszenen und Trinksprüche – aber man muss sie suchen! Jede Zigarette färbte diese Wände ein wenig dunkler, jeder lange Abend der letzten 50 Jahre hinterließ seine Spuren. Ledermanns Tapete sieht inzwischen aus wie eine Ledertapete – düsterbraun, nikotinverquarzt und geheimnisvoll.

An den Wochenenden wird es im 1821 erbauten Weinloch regelmäßig voll. Schließlich ist Heidelberg nur tagsüber eine Touristen-, abends hingegen eine Studentenstadt. Und auch die jüngeren Neckaranrainer wissen, was sie an dieser Kneipe haben. Wochentags jedoch findet man hier mit ein wenig Glück einen schönen Platz an jener abgewetzten Resopaltheke, die einst aus einer Sparkasse in dieses Dämmerlicht wanderte. Wir sind noch nicht im Himmel, zahlen muss man seinen Deckel auch hier im Weinloch, mag man dabei denken. Aber dafür trinkt man an einem jener raren Orte, an denen die wahre Heidelbergromantik west.

Adresse Untere Straße 19, 69117 Heidelberg-Altstadt | **ÖPNV** Bus 30, 35, 97, 98 bis Haltestelle Alte Brücke | **Öffnungszeiten** täglich ab 12 Uhr | **Tipp** Ein interessanter Weg zurück zur Hauptstraße führt von der Unteren Straße durch die sogenannte »Palmbräugasse« – eigentlich der verschlungene Gastraum des Palmbräu-Lokals.

52 Haus Wenzel

Kumpel, Karten, Kuli

Ob die Wandvertäfelung oder das Jugendstil-Dachfenster im großen Saal: Das Haus Wenzel hat in vielerlei Hinsicht alle Gezeiten überstanden. Als der italienische Regisseur Duccio Tessari 1978 Locations für seinen Ruhrgebietskrimi »Das fünfte Gebot« suchte, überzeugte ihn die Authentizität dieser Vorortkneipe dermaßen, dass er hier gleich mehrere Szenen abdrehte. Alte Schwarz-Weiß-Fotos belegen die Anwesenheit von Visconti-Star Helmut Berger und den Kurzauftritt von Wirtin Helga Wenzel. Während das Enfant terrible Berger laut Augenzeugen relativ gelassen blieb, läuteten in der damaligen Metzgerei ein paar Meter weiter die Alarmglocken. Zwei Schauspieler in SA-Uniform hatten nach Fleischwurst verlangt, was den Metzger zu einem Anruf bei der Polizei animierte. Vielleicht erinnerte er sich noch allzu gut an jene Zeit, da das Haus Wenzel von den echten Nazis als Versammlungsort okkupiert worden war.

Das imposante Gebäude Ecke Saar- und Händelstraße stammt aus dem Jahr 1910 und diente zunächst als Hotel. Wer einen Blick in die schräg gegenüberliegende Straße In der Falsche mit ihren tiefbraunen Backsteinhäuschen wirft, errät schnell die Klientel, die hier bald verkehrte. In Herne lag zur industriellen Hoch-Zeit des Ruhrgebiets ein Bergwerk neben dem nächsten, und die Kumpel waren es auch, die hier ihr Gedeckchen tranken. Im Flur des Hauses zeugen diverse historische Dokumente sowie ein Original-»Arschleder« von jener untergegangenen Epoche. Dieses Kleidungsstück diente den Bergleuten gleichermaßen gegen Kälte, Nässe und den Verschleiß der Arbeitshose.

Während im Haus Wenzel heutzutage alle Einrichtungsstücke wie in einem historischen Puzzle zusammenpassen, musste eine der Kinoszenen wegen eines Zeitfehlers nachgedreht werden. Die Skatspieler des Jahres 1928 hatten nämlich ein Gerät benutzt, das es seinerzeit noch nicht gab: einen Kugelschreiber.

Adresse Händelstraße 33, 44627 Herne-Sodingen, www.haus-wenzel.de | **ÖPNV** Bus 311 bis Haltestelle Kantstraße | **Öffnungszeiten** Mo, Di, Do–Sa ab 17 Uhr, So 10.30–14 und ab 17 Uhr | **Tipp** Spezialität des Hauses sind die selbst eingelegten Bratheringe mit Röstkartoffeln.

53_Gaststätte Daniel

Frankenstein im Frankenstädtchen

Ingolstadts historischen Kern durchwandert man auf schmalen, verzweigten Gässchen, und auch das älteste Wirtshaus des Ortes liegt an solch einer Winkelgasse. Einst hat sich hier laut Schriftstellerin Mary Shelley der junge schweizerische Student Victor Frankenstein herumgetrieben und des Nachts nach Leichen für seine Experimente gegraben. Von den Umtrieben des fragwürdigen Schauerroman-Helden spürt man heute nichts mehr, es sei denn, man schließt sich einer der Ingolstädter Frankenstein-Führungen an. Jenseits dessen wirkt dieses Frankenstädtchen einfach zu freundlich, um gruselig zu sein. Und »der Daniel«, wie man hier kurz sagt, steht ohnehin eher für Lebensfreude als Morbidität. Das Haus mit dem gotisch gestuften Giebel, dem weißen Anstrich und den gold-grün abgesetzten Ecken und Geschossdecken betritt man immer gern.

Die ersten Gäste wurden hier schon 1471 bewirtet. Ein hauseigenes Danielbräu soll ab 1580 produziert worden sein, aber das bekommt man hier schon längst nicht mehr. Die Brauerei fusionierte 1873 mit dem Konkurrenten Herrnbräu, und dessen Gerstensaft wird auch bis heute im Daniel ausgeschenkt. Diesem Unternehmen verdankt das unter Denkmalschutz stehende Gebäude zudem sein im Rahmen einer Generalsanierung von 2005 rundum renoviertes Äußeres. Zwar musste dafür der 1933 eingebaute, holzbefeuerte Ofen weichen, aber die Schweinshaxe, das Sauerkraut und die Knödel schmecken seitdem nicht schlechter. Einmal eingetreten, weiß man gar nicht so recht, wo man sich am liebsten platzieren würde. Der Biergarten im Hinterhof und der sehr bayrische Tanzsaal im ersten Stock wirken ausgesprochen einladend. Aber auch in der uralten Gaststube mit ihrem umlaufenden Bänkchen und dem dunklen Holz bis hoch zur Decke sitzt man sehr gemütlich. Schwere Entscheidung, wie gesagt. Vielleicht sollte man darüber erst mal ein Bier trinken.

Adresse Roseneckstraße 1, 85049 Ingolstadt | **ÖPNV** Bus 10 bis Haltestelle Harderstraße | **Öffnungszeiten** Di–So ab 9 Uhr | **Tipp** Frankenstein-Führungen findet man im Internet unter www.ingolstadt-erleben.de.

54 Roter Hirsch

Geschützt vorm Palisadenschutz

Kurioserweise muss man beim Eintritt in den Roten Hirschen ein paar Treppenstufen nach unten nehmen, wie in ein Souterrain. Der Grund: Verschiedene Baumaßnahmen haben das Straßenniveau angehoben, sodass das Lokal optisch sank. Aber einem über 500 Jahre alten gastronomischen Fossil können solche historischen Kleinigkeiten natürlich nichts anhaben. Erstmals erwähnt wird dieser Gasthof am (längst verschwundenen) Löbdertor im Jahr 1509. Weil hier eine wichtige Reise- und Handelsroute verlief und seit 1564 zudem der städtische Holzmarkt abgehalten wurde, siedelten sich in der Löbdervorstadt gleich mehrere Gasthöfe an. Der einzige, der alle Scharmützel, Naturkatastrophen und Neubauorgien überlebte, ist der Rote Hirsch. Besonders knapp wurde es allerdings 1642, als der Kommandant Mathäus von Moncado andere Gebäude in der Umgebung niederlegen ließ. Aus ihren Balken wurden Palisaden gefertigt, die die Stadtmauer gegen zukünftige Überfälle marodierender Truppen verstärken sollten. Schließlich befand man sich damals noch im Dreißigjährigen Krieg, der auch Jena übel mitspielte. Das Fachwerkhaus des Roten Hirschen rettete der Kommandant glücklicherweise vor dem Abriss.

Als im Oktober 1806 die Schlacht von Jena und Auerstedt endete, quartierten sich siegreiche französische Soldaten im Hirschen ein. Auch heute noch verfügt das Haus über einige Gästezimmer. Kernstück des Anwesens ist jedoch die Bierstube im Erdgeschoss, die noch ganz so wirkt, als seien die Welschmänner gerade erst abgezogen. Die Horizontalbalken, so massiv sie auch sein mögen, biegen sich verdächtig durch unter dem Gewicht des vierstöckigen Hauses. Unwillkürlich zieht man den Kopf ein beim Hereinkommen, um dann glücklich an einem der blanken Wirtshaustische Platz zu nehmen. Und weil wir uns hier ganz in der Nähe von Weimar befinden: Nicht Goethe, aber immerhin Schiller »was here«.

Adresse Holzmarkt 10, 07743 Jena-Zentrum, www.jembo.de | **ÖPNV** Linie 5, 14, 15, 16 bis Haltestelle Holzmarkt | **Öffnungszeiten** Mo–Sa ab 9 Uhr, So ab 10 Uhr | **Tipp** Schillers Gartenhaus im Schillergässchen 2 liegt nur fünf Minuten entfernt und kann besichtigt werden (www.uni-jena.de/Gartenhaus.html).

55 Spinnrädl

Barbarossa an der Lauter

Das Spinnrädl ist eine jener Gaststätten, in denen der Stammtisch noch seine althergebrachte Rolle spielt. Die Holzbänke dort kühlen selten aus, und in den Gläsern schimmert der pfälzische Wein. Direkt über den Köpfen der Gäste lassen sich zwei großformatige Wandgemälde studieren. Das linke zeigt einen sitzenden Herrn mit extrem langem Bart, dem untertänigst aufgespielt und Opfer dargebracht werden. Es ist Kaiser Barbarossa, dem hier gehuldigt wird, denn er war es, der am Flüsschen Lauter 1152 eine Pfalz einrichtete. Rund 100 Jahre später – und damit sind wir beim zweiten Bild – verlieh Rudolph von Habsburg dem Ort die Stadtrechte.

Im Spinnrädl findet man einen Säulenstein, der auf das Jahr 1509 verweist. Erstmals urkundlich erwähnt wird das historische Häuschen in der Kaiserslauterner Innenstadt anno 1742. Einen Umbau aus jener Zeit legen etwa die Profile der Fenstersteine nah, die laut Stadtkonservatorium typisch für die Regentschaft des Kurfürsten Karl Theodor (1724–99) sind. Charakteristisch für die gesamte Region war wiederum der geradezu verschwenderische Umgang mit Holz. Der Pfälzer Wald war so ertragreich, dass man hier beinahe ausschließlich mit jenem Material zu Werke ging. Bis Ende des 18. Jahrhunderts sollen sogar die Kamine noch aus Holz konstruiert worden sein.

Irgendwann jedoch war Fachwerk nicht mehr up to date und wurde mit Putz überzogen. Das hutzelige, zu allen Neubauten quer stehende Häuschen an der Schillerstraße wirkte so unscheinbar, dass es in den 1980er Jahren als Verkehrshindernis deklariert wurde und abgerissen werden sollte. Sein bei den Vorarbeiten freigelegtes Urkleid jedoch bewahrte es vor diesem Schicksal. Dass das Spinnrädl inzwischen vom hässlichen Entlein zum Blickfang aller Touristen mutierte, verwundert indes nicht, ist es doch heutzutage das einzige Fachwerkhaus der ganzen Stadt.

Adresse Schillerstraße 1, 67655 Kaiserslautern-Innenstadt, www.spinnraedl.de | **ÖPNV** Bus 102, 115 bis Haltestelle Schillerplatz | **Öffnungszeiten** Mo–Sa ab 11 Uhr, So ab 18 Uhr, im Sommer täglich ab 18 Uhr | **Tipp** Der Name Spinnrädl verweist auf die ehemalige Kammgarnspinnerei der Stadt (www.kammgarn.de).

56__Zum Bundschuh

Joss Fritz und der Weihwassersprenger

Manchmal muss man in die Vorstadt fahren, um auf echte Tradition zu stoßen. Grötzingen und Karlsruhe, das ist die Geschichte des alten Dorfes, das irgendwann von der 1.500 Jahre jüngeren Stadt geschluckt wurde. Bis heute blickt der Grötzinger deshalb auf das westlich gelegene Reißbrettstädtchen von Grafes Gnaden mit einem gewissen eigenständigen Stolz hinab. Und weil das eigentliche Karlsruhe tatsächlich erst 1715 das Licht der Welt erblickte, steht in Grötzingen auch das älteste Haus der heutigen Großstadt, genauer gesagt: in der Friedrichstraße 14.

Erwiesenermaßen wurde dieses Gebäude 1463 errichtet. Dass seine Wurzeln jedoch noch weiter zurückreichen, belegt der im Treppenabgang zum ehemaligen Fasskeller verbaute Rundbogen. Auch im Namen der heutigen, mit geschmackvollen Antiquitäten eingerichteten Weinstube schwingt regionale Historie mit: Wer geschichtlich ein wenig bewandert ist, dem wird der Name Joss Fritz etwas sagen. Der um 1470 geborene Sohn zweier Leibeigener stammte aus dem unfernen Untergrombach und mutierte später zu einem Anführer der bäuerlichen Freiheitsbewegungen seiner Zeit. Die Aufstände des frühen 16. Jahrhunderts bis hin zum blutigen Bauernkrieg 1525 standen im Zeichen des »Bundschuh« – also jener mit Riemen gehaltenen ledernen Fußbekleidung des einfachen Landvolks. »Einen Bundschuh aufwerfen«, das meinte so viel wie: sich gegen jemanden, gegen eine Ungerechtigkeit zur Wehr setzen.

Der legendäre Joss Fritz wurde 1525 letztmals gesehen, danach verlieren sich seine Spuren. Auch die Bewohner des Grötzinger Steinhäuschens werden zu seinen Anhängern gezählt haben. Um die Verbundenheit mit den Aufständischen von einst zu demonstrieren, schmücken sogar einige Original-Bauernwaffen die Wände des Bundschuhs, darunter etwa eine Kampfsense und ein mit spitzen Zacken bewehrter, dem Morgenstern ähnlicher »Weihwassersprenger«.

Adresse Friedrichstraße 14, 76229 Karlsruhe-Grötzingen, www.weinstube-bundschuh.de | **ÖPNV** ab Karlsruhe-Durlach mit der S5 bis Bahnhof Grötzingen | **Öffnungszeiten** Di–Fr 12–14 und ab 17 Uhr, Sa ab 17 Uhr, So 9.30–14 und ab 17 Uhr | **Tipp** Direkt nebenan vermieten die Eigentümer in einem uralten Fachwerkhaus ein Gästeapartment.

57 Lohmann

Auferstanden aus Ruinen

Das Lohmann ist eines jener Lokale, dem man seine lange Geschichte nicht auf den ersten Blick ansieht. Kein Wunder, denn das Bauwerk selbst ist auch nicht wirklich alt. Die Gründung durch Friedrich und Marie Lohmann jedoch geht immerhin zurück auf das Jahr 1888. Die erste Gastwirtschaft lag noch an der Kasseler Fünffensterstraße, einer Gasse, die ihren seltsamen Namen vermutlich einer von den französischen Besatzern zwischen 1807 und 1813 eingeführten Fenstersteuer verdankt. Nicht nur das teure Glas, sondern auch sämtliche Decken und Mauern fielen 1943 dem Alliierten-Bombardement Kassels zum Opfer. Und damit war das erste Lohmann Geschichte.

Direkt nach der deutschen Kapitulation machte sich dann Friedrich Lohmann junior an einen Wiederaufbau, dieses Mal auf einem Grundstück der Familie am Königstor. Das Gebäude war ein typisches Nachkriegsprovisorium, und auch in der Gastronomie musste improvisiert werden. Zu Anfang, so erzählt man sich, waren die Gläser so knapp, dass besonders durstige Gäste ihre Behältnisse direkt selbst mitbrachten. Aber bald schon kam das Wirtschaftswunder, und auch mit dieser Kasseler Wirtschaft ging es aufwärts. Das Lohmann entwickelte sich im Laufe der 1960er zu einem Szenelokal für Studenten und Jazzliebhaber. Legendär waren, neben den niedrigen Bierpreisen, angeblich auch die Lohmann'schen Wellfleischbrote. Als Friedrich und seine Frau ihr Lokal in den 1970ern aufgaben, waren sie längst als Oma und Opa Lohmann bekannt. Ihrer Kneipe hingegen war kein langes Leben beschieden, sie brannte 1997 zum zweiten Mal restlos aus.

Das nunmehr dritte Lohmann erinnert mit zahlreichen Fotos an die wechselhafte Geschichte dieses Lokals, das äußerlich so unspektakulär daherkommt: ein einstöckiger Bau mit viel Glas, viel Licht, vielen Pflanzen und einem großen Biergarten. Nicht mehr und nicht weniger.

Adresse Königstor 8, 34117 Kassel-Mitte, www.lohmann-kassel.de | **ÖPNV** Bus 32, 37 bis Haltestelle Scheidemannplatz | **Öffnungszeiten** So–Fr ab 11 Uhr, Sa ab 16 Uhr | **Tipp** Bis zum berühmten Museum Fridericianum ist es ein knapper Kilometer gen Osten.

58 Kieler Brauerei

Naturtrüb in der Klose

Bis 1999 ging man nicht in die Kieler, sondern in die Kloster Brauerei. Dies war auch der Name, den das Brauhaus bei seiner Eröffnung elf Jahre zuvor bekommen hatte – nicht zu Unrecht, denn immerhin residiert man hier direkt neben einem ehemaligen Kloster. Kurz vor der Jahrtausendwende trat dann jedoch der Prior des Konvents Andechs auf den Plan. Pater Anselm stritt vor Gericht gegen sämtliche Brauereien, die das Wort »Kloster« im Namen ihres Bieres führten, ohne direkt aus einem Kloster zu stammen. In Kiel vergleicht man das Vorgehen des Bayern mit den Kreuzzügen, die bekanntlich fast ausschließlich als Desaster endeten. Der bayrische Streiter jedoch gewann seinen Feldzug. Dutzende deutscher Brauereien mussten für viel Geld ihre sämtlichen Geschäftsunterlagen, Werbebroschüren, Speisekarten und so weiter ändern und sich einen neuen Namen suchen. In Kiel erinnert heute nur noch der bechernde Mönch im Logo an diese Zeit. Und der Spitzname, mit dem die Kieler ihr Brauhaus bis heute titulieren: die »Klose«.

Aber streitlustige Pfaffen hin oder her – gebraut wird in Kiel weiterhin. Die blinkenden Kupferkessel stehen sichtbar im Schankraum, das Bier kommt durchweg unfiltriert in die Gläser und in Einheiten, die von der 0,2er-Stange bis zum 3-Liter-Turm reichen. Weil die wichtige Hafenstadt im Zweiten Weltkrieg stark zerstört wurde, musste man sich zur Erzeugung einer »urigen« Brauhausatmosphäre etwas einfallen lassen. Deshalb bestehen die dunkelbraun gestrichenen Gewölbedecken aus modellierter Kunstmasse und wirken selbst die Kinder-Hochsitze wie mit der Axt behauen. Die zahlreichen Gitter, Ringe und Gehänge kommen allerdings aus echter schmiedeeiserner Fertigung, und auch das Mobiliar besteht aus hochwertigem Holz, sprich: aus Eiche. Wären da nicht die ganz normalen Mitmenschen rechts und links, man fühlte sich hier wie in einer Wikingerschänke.

Adresse Alter Markt 9, 24103 Kiel-Altstadt, www.kieler-brauerei.de | **ÖPNV** Bus 11, 51, 101, 502, 900 bis Haltestelle Holstenbrücke | **Öffnungszeiten** täglich ab 10 Uhr | **Tipp** Direkt hinter dem Alten Markt, rings um den Klosterturm, liegt der verwunschene Klostergarten.

59 Weinhaus Hubertus

Sonnenschein den Schoppenstechern

Seinen heutigen Namen trägt dieses Haus seit 1882. Fritz Henkel, der die Immobilie damals erwarb, war passionierter Jäger. Und der Patron dieser Zunft ist bekanntermaßen der heilige Hubertus, der einst von einem prächtigen Hirschen bekehrt worden sein soll. Dementsprechend finden sich in diesem Lokal allerorten Jagdmotive, von den Dekorationsobjekten über die Thekenverzierung bis hin zur urig-dunklen Tapete. Dass hier über Jahrzehnte der Koblenzer Jägerstammtisch tagte, versteht sich von selbst.

Errichtet wurde dieses nie zerstörte Haus vom städtischen Schöffen Johannes Aach 1689, also ein Jahr nach dem Durchzug der randalierenden Truppen des Louis XIV. Schon damals erhielt der Aufbau ab dem ersten Stock jenes aufwendig gearbeitete Fachwerkkleid, dessen Holz eher geschnitzt als gezimmert wirkt. Weil dieser Schmuck jedoch irgendwann dem armen Manne zugeschrieben wurde, erlebt das Weinhaus den Wechsel zum 20. Jahrhundert in schnöde verputztem Zustand. Fachgerecht freigelegt wurde die Fassade erst wieder 1921.

»Sonnenschein dem Weine, Friede dem Vaterland«, steht über dem Durchgang zum hinteren Saal. Und friedlich isst und trinkt es sich im Hubertus allemal. Diesen Deckenbalken und Paneelen ist Geschichte eingeschrieben, da wird man gerne selbst zum »Schoppenstecher«. Zu denen gehörte einst auch Kapitän Schmitz, Veteran der Rheinschifffahrt, der mit seinen Kumpels stets vorn am Kachelofen zechte. Auf den historischen Fotos dort ist er der mit dem Rauschebart, als geschnitzte Büste findet man ihn zudem in einer kleinen Fensternische. Ob er den Weinkonsum womöglich in sündiger Weise übertrieb, sei dahingestellt. Der Begriff »Sünderbank« jedoch ist im Hubertus ganz wörtlich zu nehmen. Denn die lange Bank hinten rechts stammt aus einem alten Gerichtsgebäude, und dort saßen (auf dem Trockenen) jene »Sünder«, die ihres Prozesses harrten.

Adresse Florinsmarkt 6/Ecke Gemüsegasse, 56068 Koblenz-Altstadt, www.weinhaus-hubertus.de | ÖPNV Bus 1 bis Haltestelle Altstadt | Öffnungszeiten Mo und Mi–Sa ab 16, So ab 11.30 Uhr | Tipp Ebenfalls am hübschen Florinsmarkt liegt das Mittelrhein-Museum (www.mittelrhein-museum.de).

60_Früh em Veedel

Gesund im Invalidendom

Der spätere Nobelpreisträger Heinrich Böll soll hier, irgendwann vor dem Zweiten Weltkrieg, sein erstes Bier getrunken haben. Und wenn man das Früh im Veedel heute betritt, möchte man glauben, dass es sich seit den Zeiten Bölls nicht wesentlich verändert hat. So hell gescheuert die brauhaustypischen Ahorntische, so dunkel gebeizt kommt das übrige Interieur daher. Die bis unter die hohe Decke reichenden Regale stellen historische Brennereiutensilien aus, die Kölschstangen werden über eine flache Chromtheke gereicht, und der Blick nach unten lohnt sich ebenfalls. Die hübschen, beinahe unversehrten Kacheln stammen noch aus der Gründerzeit des Hauses.

Das Früh im Veedel ist der kleine Bruder des großen Früh-Brauhauses am Dom, aber das Kölner Wahrzeichen trägt auch dieses Lokal im Namen. Warum es allerdings im Volksmund »Invalidendom« genannt wird, darüber streiten sich die Geister. Definitiv falsch ist die Vermutung, dass das Gebäude einst als Siechenhaus fungiert habe. Denn errichtet wurde es nach der Niederlegung der mittelalterlichen Stadtmauer 1879, historisch belegt, als Kornbrennerei. Näherliegend ist da schon die Behauptung von Kunstfreunden, die neogotischen Maßwerkfenster über dem Eingang stellten eine Verbindung zum echten Pariser Invalidendom her. Dieser wurde zwar zwischen 1679 und 1708 in barockklassizistischem Stil gestaltet, aber was Legenden angeht, muss man mit historischen Parallelen schließlich stets etwas lockerer umgehen. Und zwar so: Der französische »Dôme des Invalides« war von König Louis XIV. zur Versorgung von Kriegsversehrten in Auftrag gegeben worden. Und im Kölner Brauhaus an der Severinstorburg trafen sich einst bereits in den Morgenstunden die südstädtischen Veteranen des Ersten Weltkriegs zu Bier und Schnaps. Viele von ihnen hatten einen Arm oder ein Bein verloren, waren also Invaliden. – Und damit wird die Sache rund!

Adresse Chlodwigplatz 28, 50678 Köln-Altstadt-Süd, www.fruehemveedel.de | ÖPNV Bahn 15, 16, Bus 132, 133 bis Haltestelle Chlodwigplatz | Öffnungszeiten Di–Sa ab 11 Uhr | Tipp Wie im Früh am Dom bekommt man auch hier kölsche Spezialitäten wie Himmel un Ääd oder den Rheinischen Sauerbraten vom Pferd.

61 Lommerzheim

Krosse Koteletts am Lommi-Brunnen

Als der amerikanische Präsident Bill Clinton anlässlich des Weltwirtschaftsgipfels 1999 eine authentische Kölner Traditionskneipe besuchen wollte, riefen seine Begleiter in Deutz beim Lommerzheim an. Und was soll Hans Lommerzheim geantwortet haben? – »Nä, dat jeit nit!«, weil wegen der drohenden Sicherheitsvorkehrungen seine Stammgäste hätten draußen bleiben müssen.

Die – historisch belegte – Anekdote ist insofern typisch für diese Gaststätte, als dass ihr Wirt stets als überaus wortkarg und konsequent galt. Im Lommerzheim machte man keine Unterschiede zwischen Präsidenten, Managern oder Arbeitern. Bedient wurde, wer da war. 45 Jahre lang, von 1959 bis 2004, führten »Lommi« und seine Frau Annemie ihre weit über die Stadtgrenzen hinaus bekannte Kneipe. Nach mehrjährigem Leerstand und einer äußerst behutsamen Renovierung folgte 2008 die Wiedereröffnung. Unterm Lommerzheim kann man nun auch im Gewölbekeller bechern und die unglaublich hohen, krossen Koteletts genießen. Und auf der ehemaligen Brachfläche nebenan wurde ein Biergarten eingerichtet. Zum Zeichen ihrer Verbundenheit mit dem verstorbenen Wirt weihten treue Stammgäste dort vor einigen Jahren den Lommi-Brunnen ein, der den Wirt beim Zapfen eines Kranzes unter gekipptem Fässchen zeigt. Und bei so viel Erinnerungsarbeit seitens der Bevölkerung wollte dann wohl auch die Stadt nicht nachstehen und taufte die schmale Passage zwischen Sieges- und Mindener Straße 2010 auf Hans-Lommerzheim-Weg.

Noch immer ist diese abgerockte Fassade von einer undefinierbaren Farbe und prangt überm Eingang der blecherne Schriftzug »Gaststätte«. Wer diesen beinahe musealen Schankraum dann betritt, fühlt sich um ein halbes Jahrhundert zurückversetzt. Und beim Betrachten der nikotingeschwängerten Wände mag er sich an des alten Wirtes Standardantwort auf die Frage erinnern, wie es denn hier wohl einmal ausgesehen habe: »Hell.«

Adresse Siegesstraße 18, 50679 Köln-Deutz | **ÖPNV** Bahn 1, 7, 9 bis Haltestelle Deutzer Freiheit | **Öffnungszeiten** Mo, Mi–Sa 11–14.30 und ab 16.30 Uhr, So 10.30–14.30 und ab 16.30 Uhr | **Tipp** Vom Dom gelangt man zum Lommerzheim mit einem schönen Spaziergang über die Deutzer Brücke.

62 Der Pfohl

... oder: Die Weinstube zum Küfer Fritz

Eigentlich trägt dieses Lokal einen anderen Namen: Aber wer will schon »Anneliese, kommst du mit auf ein Gläschen in die ›Weinstube zum Küfer Fritz‹« zu seiner Frau sagen?! Glücklicherweise verfügt das Haus über ein Alleinstellungsmerkmal, das sich hervorragend für einen kurzen Spitznamen eignet: den »Pfohl«.

Der Pfahl, wie man diese Weinstube hochdeutsch nennen würde, liegt im Souterrain der schmalen Salmannsweilergasse, mitten in der Konstanzer Altstadt und nahe dem Bodensee. 1880 gründete hier Josef Fritz eine Küferei mit angeschlossenem Weinkeller. Sein Sohn Hermann erweiterte das Sortiment um verschiedene Arten von Kräuterlikör. Mit seinem »Bodenseegeist« wurde er 1928 weit über die Stadtgrenzen hinaus berühmt, nachdem es ihm gelungen war, zwölf seiner Flaschen in der Bordbar des Luftschiffs »Graf Zeppelin« unterzubringen. Der Likör habe sich »gut bewährt«, antwortete die Zeppelin-Werft im Dezember des Jahres.

Um 1920 herum öffnete das nur 40 Quadratmeter große Lokal seine Pforten, und in der Küferei Fritz wurde fortan nicht mehr nur produziert und gelagert, sondern auch getrunken. Zunächst allerdings in einer sogenannten »Stehweinstube«. Die seinerzeit aufgestellten drei Sitzbänke für ältere Herrschaften musste sich der Hausherr separat genehmigen lassen. Auch die Konstanzer Bürokraten wussten offenbar, wie man an jedem ausgeschenkten Glas mitverdient.

Schon damals scharten sich die Trinker um den namensgebenden Holzpfeiler in der Mitte des Raumes. Dem schwarzbraunen, glänzend lackierten Achteck sieht man die Kampfspuren vergangener Jahrzehnte an: Löcher und Katschen überziehen ihn wie eine Ganzkörpertätowierung und scheinen diesen Kawenzmann beinahe in ein Wesen aus Fleisch und Blut zu verwandeln. Da draußen mag der Bodensee austrocknen und die Welt ins Wanken geraten. Aber so lange, wie der Pfohl steht, gibt‘s auch noch einen Wein.

Adresse Salmannsweilergasse 11, 78462 Konstanz-Altstadt, www.weinkellerei-fritz.de | **ÖPNV** Der Pfohl liegt fußläufig (300 Meter) in Bahnhofsnähe, oder Bus 6, 7 bis Haltestelle Konzilstraße | **Öffnungszeiten** Mo ab 17, Di–Sa ab 11 Uhr | **Tipp** Den Bodenseegeist aus der Zeppelin-Ära bekommt man auch heute noch.

63 Brauhaus Wienges

Alt, Obergärig, Krefelder

Als Erstes ins Auge fallen die vielen Wandmalereien. In idealisierten Bildern werden hier Geschichten der Stadt Krefeld erzählt, etwa die des markanten Wasserturms an der Gladbacher Straße: Das einstige Wahrzeichen Krefelds wurde 1974 gesprengt. Noch komplett vorhanden, aber außer Dienst gestellt ist die Bierproduktion des Brauhauses Wienges. Wer hinter dem Flur den Innenhof überquert, gelangt in die alte Brauerei. Die kupfernen Kessel bräuchten lediglich ein bisschen Politur, um wieder wie neu zu wirken. Aber in den frühen 1980ern entschied die Stadt Krefeld: Kein Bierbrauen in der Innenstadt.

Obergäriges von Wienges gibt es seit 2009 nach 25-jähriger Pause trotzdem wieder. Das süffige Alt wird nunmehr nach der Originalrezeptur von der nahen Frankenheim-Brauerei hergestellt. Damit lebt eine Tradition wieder auf, die ihren Anfang am 1. Oktober 1807 nahm. Damals gründete der aus Krefeld-Linn stammende Brauer Johannes Wienges eine erste Hausbrauerei an der Sternstraße. »Zu den Drei Kronen«, wie das Lokal ursprünglich hieß, wurde durch Einheirat 1896 zum Brauhaus Gleumes, der anderen Krefelder Bierbrauer-Dynastie. Zu jener Zeit hatte sich allerdings längst einer der Wienges-Sprösslinge selbstständig gemacht und an der Neusser Straße 55 die »Krone« eröffnet, die damit zum Stammhaus wurde und noch immer in Familienbesitz ist. Ernsthaft bedroht war die Brauerei Wienges im Zweiten Weltkrieg, als man gegen die Gefahr der militärischen »Entkupferung« des Betriebs sämtliche Braugerätschaften hinter doppelten Böden und Zwischenwänden versteckte.

Wie eh und je präsentiert sich das Wienges auch heute als klassisches Brauhaus, das seine Patina mit Stolz trägt. Einer Insel ähnlich trennt der Thekenbereich die reine Bierfraktion von jenen, die sich auch der deftigen Küche des Lokals widmen wollen. Aber auf welcher Seite man sich auch niederlässt, es ist immer die richtige.

Adresse Neusser Straße 55, 47798 Krefeld-Stadtmitte, www.brauhaus-wienges.de | **ÖPNV** Bus 058 bis Haltestelle Gerberstraße, 051 bis Hochstraße | **Öffnungszeiten** Mo–Sa ab 11 Uhr, So ab 17 Uhr | **Tipp** Natürlich bekommt man hier auch ein »Krefelder«, ursprünglich ein Altbier mit einem Schuss Malzbier.

64 Hohes Haus

Wo einst das Geld des Häuptlings floss

Das Hohe Haus macht seinem Namen alle Ehre. Mit seinem hallenartigen Parterre und den drei weiteren Etagen überragt es alle Nachbargebäude beträchtlich. Jenseits der schieren Höhe forderte jedoch auch die Funktion des Gebäudes den Respekt der Einwohner. Als es 1696 entstand, regierte in »Gret-Syhl« noch der Reichsgraf Cirksena, um dessen zentrale Burg sich die gräflichen Verwaltungsgebäude gruppierten. Die ostfriesische Adelsfamilie der Cirksena entstammte einem Greetsieler Häuptlingsgeschlecht, das vom 15. bis zum 18. Jahrhundert in der Region von großem Einfluss war. Das heutige »Hohe« diente seinerzeit als Rentmeisterhaus der Grafen, hier ging es also um die Steuern und Finanzen der Landesherren.

Bei einem »Siel« – zweite Silbe der Ortschaft – handelt es sich um einen schließbaren Deichdurchlass, der der Entwässerung des Binnenlandes dient. Das Hohe Haus hingegen hilft seit mittlerweile über 150 Jahren bei der Bewässerung der Gäste, denn seit der Mitte des 19. Jahrhunderts regieren hier nicht mehr Rentmeister, sondern Wirte. Und genug zu tun ist allemal: 400.000 Übernachtungen sowie eine Million Tagesgäste verzeichnet die Gemeinde pro Jahr, und das bei lediglich 1.500 Einwohnern.

Zusammen mit der alten Pastorei entstand bei den umfangreichen Restaurationsarbeiten 1995 ein hufeisenförmiger Gebäudekomplex. In seinem Innern befindet sich seitdem ein gemütlich-geschütztes, pflanzenbewachsenes Gartenlokal, während die Hotelzimmer weite Blicke auf den Siel, den alten Marktplatz und den Hafen mit seinen Krabbenkuttern offerieren. Im Speisesaal wie in der Schwemme des Lokals sitzt man in einem luftig-lichtdurchfluteten Ambiente. Eichenholz, Kacheln und eine immens große, offene Feuerstelle setzen die visuellen Akzente des Interieurs, während der Außenanstrich des Hohen Hauses noch einmal dessen Sonderstellung zu untermauern scheint. Der ist nämlich mintgrün.

Adresse Hohe Straße 1, 26736 Krummhörn-Greetsiel, www.hoheshaus.de | **ÖPNV** von Emden Bus 421 bis Haltestelle Greetsiel/Hafenstraße | **Öffnungszeiten** April–Okt. täglich 11.30–22.30 Uhr, Nov.–März Mo, Di, Do 15–21.30 Uhr, Fr–So 11.30–22 Uhr | **Tipp** Mehr über das ostfriesische Häuptlingswesen erfährt man im kleinen Museum der nahen Pewsumer Manningaburg (www.greetsiel.de/tourismus).

65 Auerbachs Keller

Wo einst das Pack sich traf

Der Bildungskanon ist in stetem Wandel begriffen. Aber dass Goethes »Faust« das bedeutendste Theaterstück der deutschsprachigen Literaturgeschichte sei, wird von kaum jemandem bestritten. Und aus dieser Tatsache bezieht der Auerbach'sche Keller zu Leipzig seine Anziehungskraft, spielt hier doch eine längere und sehr pralle Szene der Tragödie. In Kürze: Faust ergeht sich in lebensmüden Monologen, die Mephistopheles ihm austreiben will, indem er ihn mitten unters »Pack«, das gemeine Volk führt. Und dieses fand man damals wo? In Auerbachs Keller eben. Tabakskraut, Bierdunst und der Stumpfsinn der Trinker schwängern die Luft. Um Aufheiterung bemüht, narrt der Teufel tumbe Studenten mit seinen Zaubereien, aber nichts will helfen. Faust bleibt umwölkt.

Goethe hatte ab 1765 für drei Jahre in Leipzig studiert und kannte die Kneipe als Studententreff. Seine Adaption für den Faust kommt ironisch daher und zeichnet ein durchaus rüpelhaftes Bild der dortigen Atmosphäre. Dass es hier heute deutlich gesitteter, beinahe zu fein zugeht, verdankt sich zum Teil der Erwähnung im Faust. Hinzu kommt, dass das gesamte Areal in den Jahren 1912/13 renoviert worden ist. Die Mittelalterbauten über dem Keller verschwanden, er selbst wurde von Grund auf renoviert und erweitert. Seitdem stehen die beiden lebensgroßen Figurengruppen »Mephisto und Faust« sowie »Die verzauberten Studenten« vor dem Treppenabgang.

Den riesigen Kellersaal begeht man heutzutage wie ein Museum. Sämtliche Gewölbenischen sind mit historischen Dokumenten und Gemälden geschmückt, die Szenen aus dem Faust darstellen. Auch Faustens legendärer Ritt auf dem Weinfass wird anschaulich – und dreidimensional – nachgestellt. Darüber hinaus lohnt hier unten sogar ein Gang aufs Klo: In langer Kette hängen dort zum Teil sehr expressiv-gruselige Skizzen der Faustfiguren aus verschiedenen Theaterepochen.

Adresse Grimmaische Straße 2–4, 04109 Leipzig-Zentrum, www.auerbachs-keller-leipzig.de | **ÖPNV** Bahn 7, 12, 16 bis Haltestelle Augustusplatz | **Öffnungszeiten** täglich ab 11.30 Uhr | **Tipp** Die Betreiber bieten regelmäßige Führungen an, in deren Rahmen unter anderem auch der Historische Fasskeller besichtigt wird.

66_Die Gosenschenke »Ohne Bedenken«

Milchsäure in der Biedermeier-Bierstube

»Ohne Bedenken« – das war die Antwort des alten Kellners Karl Schmidt auf die Frage, ob man dieses seltsame Zeug wirklich trinken könne. Denn Gose gilt zwar als Bier, hat aber einen sehr eigenen Geschmack. Eine Milchsäuregärung sorgt dafür, dass sie deutlich saurer daherkommt. Wer Gose einmal probiert hat, mag sich an englische Ales oder auch an belgische Spezial-Gebräue erinnert fühlen. Ursprünglich stammt dieses obergärige Getränk aus Goslar (siehe Seite 92), wo es schon im Mittelalter gebraut wurde. Zu einer Hochburg entwickelte sich jedoch im Laufe der Jahrhunderte die Gegend um Leipzig, Halle und Dessau. Die Gosenschenke geht auf das Jahr 1899 zurück, wurde allerdings 1958 für mehrere Jahrzehnte umfunktioniert. In DDR-Zeiten diente sie zunächst als Bibliothek, sodann als Volksröntgenstelle und als Zentrale der »Nationalen Front«. 1983 jedoch trat Lothar Goldhahn auf den Plan. Als Reminiszenz an die fast eingeschlafene Gosenkultur restaurierte er, was noch aus alter Zeit vorhanden war, und rekonstruierte den Rest so originalgetreu wie möglich. 1986 feierte man die Wiedereröffnung, hier wurde also noch echtes DDR-Holz verbaut.

Alteingesessene Gäste erinnern sich an den jungen Wladimir Putin, der hier 1988/89 regelmäßig seine Gose trank. Tief ins Glas geschaut – und anderntags schwer gelitten, wie er später zugab – hat auch Manfred Krug, der alte DDR-Haudegen. Kein Wunder, sagt sich der Gast. Denn die Gosenschenke ist ein Ort, den man nicht so schnell verlässt: eine Biedermeier-Bierstube in Reinkultur.

Über dem Ausgang zur Toilette hängt ein historisches Foto des Lokals, das den Besucher auf den ersten Blick irritieren mag. Aber keine Angst, so betrunken sind Sie noch nicht! Denn diese Aufnahme aus dem Jahr 1922 ist zwar echt, aber seitenverkehrt.

Adresse Menckestraße 5, 04155 Leipzig-Gohlis, www.gosenschenke.de | **ÖPNV** Bahn 12 bis Haltestelle Fritz-Seger-Straße | **Öffnungszeiten** Okt. – Ostern Mo – Fr ab 16.30 Uhr, Sa und So ab 12 Uhr, Ostern – Sept. täglich ab 12 Uhr | **Tipp** Die Gosenschenke verfügt über einen großen Biergarten mit häufig bespielter Bühne.

67_Weinstube Frey

Eine altdeutsche Stube am Bodensee

Auf der Maximilianstraße reihen sich krumme Häuschen mit gefährlich aussehenden Wölbungen aneinander. Plane Flächen und rechte Winkel? – Fehlanzeige, schließlich stammen diese Handwerker- und Bürgerbauten aus dem 16. und 17. Jahrhundert.

Rund 450 Jahre alt sind auch die beiden Gebäude, die heutzutage die Weinstube Frey bilden. Eine in die Fassade eingelassene Platte gibt Zeugnis von der Eröffnung einer Weinhandlung anno 1812. Zunächst, so sagen die Quellen, sei hier nur »Wein to go« verkauft worden, das heißt, hier holte man sich sein Fläschchen für zu Hause. 1878 jedoch erhielt Josef Frey seine Schankerlaubnis und konnte die Gäste fortan in den eigenen Räumlichkeiten bedienen. Diese erreicht man über eine würdevoll knarzende Treppe im ersten Stock. Gleich zu Anfang betritt man das älteste Zimmer des Lokals, das auf das Jahr 1560 zurückgeht. Die alte Sandsteinsäule vor dem Fenster ist ebenso typisch für die Region wie die »Lindauer Decke« mit den geschnitzten Lindenblatt-Ornamenten.

Noch »altdeutscher« kommt die dahinterliegende »Große Stube« daher, deren Einrichtung sich einer Komplettrenovierung von 1897 verdankt. Vom Fischgrätparkett über die Wandvertäfelung bis zur Kassettendecke ist dieser Raum komplett mit aufwendig verarbeitetem Holz ausgeschlagen. Ausnahme: Die friesartig über die Wandpaneele laufenden Malereien mit ihren Motiven aus der (Mythen-)Welt des Weines. In keinem Weinstube-Frey-Porträt fehlen darf jener kleine Erker, der waghalsig über die Maximilianstraße wächst. Zwei verschnörkelte Bänkchen rahmen einen schmalen Tisch, auf den das Licht durch bleigefasste Fenster fällt. Hier sitzt man leicht erhöht und überblickt die gesamte Stube, aber unter uns gesagt: Ab 1,80 Meter Körpergröße muss man die Beine hier schon ein bisschen anziehen. Wer sich jedoch ohnehin näherkommen will, ist hier definitiv am richtigen Platz.

Adresse Maximilianstraße 15–17, 88131 Lindau-Insel, www.weinstube-frey.de | **ÖPNV** Bus 17, 21 bis Haltestelle Inselhalle | **Öffnungszeiten** Di–So 11.30–14 und ab 17 Uhr | **Tipp** Lindau gehört zum schwäbischen Bayern, dementsprechend kann man hier zwischen verschiedenen Sorten Spätzle wählen.

68 Restauration Fritz Römer

Stein für Stein, Stuhl für Stuhl, Stück für Stück

Da ist zunächst einmal dieser Stuhl, bedeckt von einem dicken Schafsfell. Direkt neben dem Ofen steht der, das war stets die einzige Heizquelle des ganzen Hauses. Man kann sich diesen Menschen gut vorstellen, wie er sich am Ofen wärmte, dort Zeitung las und hin und wieder aufstand, um für einen neuen Gast zur Theke zur schlurfen. Der Mann, Fritz Römer sein Name, war passionierter Jäger, das belegen die vielen ausgestopften Tiere an den Wänden. Die hat er eigenhändig präpariert, und auch die Vitrinen sind selbst gefertigt. Aber zurück zu jenem wunderschönen mahagonifarbenen Jugendstiltresen mit seiner Zapfstele aus Porzellan. Es handelt sich um einen der alten, wie man sie heute noch in traditionellen Brauhäusern antrifft: zu flach, um sich daran zu lehnen, zu flach auch für einen Hocker. Hier wurden nur Gläser gefüllt, dieser Tisch gehörte dem Wirt. Und dann ist da noch hinten an der Wand die handbetriebene Schnapspumpe, auch so ein Relikt aus alten Tagen. Der Korn kam in Wuppertal-Sandfeld nicht aus der Flasche, sondern aus einem Fass im Keller. Da konnte er weiter reifen, bis er schließlich in die Kehlen floss.

Wuppertal-Sandfeld …? – Das war einmal, denn der 1875 eröffnete »Römer« ist inzwischen eine Museumsattraktion. Als der Wirt 1992 starb, öffnete seine Tochter das Lokal noch ein paar Jahre sporadisch für die Stammgäste. Aber irgendwann war die letzte Runde bestellt, und das Lindlarer Freilichtmuseum trat auf den Plan. Stein für Stein, Stuhl für Stuhl, Stück für Stück wanderte die ehemalige Fuhrmannskneipe an der Route gen Düsseldorf ins Pensionat. Hier wird sie gut gepflegt und bleibt in Schuss. Es soll Leute geben, erwachsene Menschen, die nur wegen dieser Kneipe nach Lindlar pilgern. Die sich eine Flasche Bier in die Jacke packen, um sie dann vor Ort zu trinken, in diesem archaischen Ambiente. Ja, solche Leute soll es wirklich geben.

Adresse Kölner Straße (L 299), 51789 Lindlar, www.bergisches-freilichtmuseum.lvr.de | **ÖPNV** von Bergisch Gladbach oder Köln aus Bus 421 bis Haltestelle Lingenbach, oder Taxi-Bus 331, zu bestellen unter Tel. 02261/911271 | **Öffnungszeiten** März–Okt. Di–So 10–18 Uhr, Nov.–Feb. Di–So 10–16 Uhr | **Tipp** Essen und Trinken gibt es direkt nebenan im Anbau, der als Museumsgaststätte ausgebaut ist.

69 Alte Posthalterei

Unterm weiten Walmdach

Der Lingener Marktplatz ist von historischen Gebäuden umstanden. Das Kievelingshaus mit seinem geschwungenen Sandsteingiebel (Nummer 8) steht dort zum Beispiel seit 1583. Und das alte Rathaus stammt in seiner heutigen Form mit gestufter Fassade und beidseitigem Treppenaufgang aus dem 17. Jahrhundert. Sein ungewöhnlicher Glockenturm überragt den Nachbarn zur Rechten, der ansonsten jedoch deutlich größer ist. Das Kobertsche Haus wurde 1653 errichtet und diente als erste Poststation der Stadt. Am einstigen Handelsknoten trafen sich ostfriesische, münsterländische und holländische Postillons, dem Amt unterstanden sämtliche Posthalter, Schirrmeister und Briefträger der Grafschaft. Bis ins frühe 20. Jahrhundert hinein rollten in Lingen die Postkutschen, bevor die Eisenbahn den Job übernahm. Als Posthalterei hatte das zweigeschossige Fachwerkgebäude unterm weiten Walmdach jedoch bereits 1851 ausgedient. Es folgten Jahre als einfache Post und als Krämerladen, bevor man es 1980 in eine Gaststätte umwandelte.

Anfang 2012 hatte das der Stadt gehörende, privat verpachtete Gebäude plötzlich leer gestanden. Die Zeit der Suche nach neuen Wirtsleuten wurde jedoch sorgfältig genutzt. Die Alte Posthalterei bekam ein neues Dach mit Ziegeln, die den ursprünglichen entsprechen, und der Außenanstrich wurde ebenfalls erneuert. Im Innern hingegen halten Tradition und Moderne sich glücklich die Waage. Der Hauptraum wird von einem zentralen, großen Kachelkamin strukturiert, links dahinter gelangt man zum ebenfalls von Tischen gesäumten Thekenbereich. Ganz dem Trinken widmen kann man sich hinten durch im sogenannten Postillon. Hier wurde eine ehemalige Stallung der Posthalterei mit Hilfe eines gekachelten Tresens, zwei runden Eichentischen und einer wandfüllenden Lederbank zur Schänke verschönert. Ein eigener Eingang um die Ecke macht die kleine Schwemme zum sympathischen Geheimtreff.

Adresse Große Straße 1, 49808 Lingen, www.alte-posthalterei-lingen.de | **ÖPNV** Vom Bahnhof zum Markt geht man etwa zwölf Minuten. | **Öffnungszeiten** Di und Do 11–14 und ab 17 Uhr, Mi und Sa ab 8 Uhr, Fr ab 11 Uhr, So ab 17 Uhr | **Tipp** Täglich um 12, 15 und 18 Uhr erklingt vom Rathausturm das Glockenspiel.

70_Schiffergesellschaft

Gelage auf und aus Eichenplanken

In diesem Haus lohnt sich ein Blick unter die Decke. Das älteste der hier baumelnden Schiffsmodelle stammt aus dem Jahr 1607. Aber Historie und Abenteuer verheißen auch die anderen bunt lackierten Bötchen, die auf die sogenannten »Gelage« herunterhängen. An diesen langen Banketten saßen einst die Kapitäne, geordnet nach ihren jeweiligen Korporationen. Gezimmert wurden die Bänke aus den gleichen Eichenplanken, die man auch für den Schiffsbau verwendet. Das Wappenschnitzwerk ihrer hohen Wangen erinnert an Galionsfiguren, und auch in manch anderer Hinsicht wähnt man sich hier auf einem Schiff. So saßen etwa die »Älterleute« – der Vorstand der Gesellschaft – stets im rückwärtigen, deutlich erhöhten Teil der Halle. Damals wie heute fühlt man sich dort wie auf dem Offiziersdeck eines Windjammers – nur dass man hier keine Befehle erteilt, sondern Bestellungen aufgibt.

Die Schiffergesellschaft ist eine in mancherlei Hinsicht einzigartige Kneipe, und das gilt bereits für ihre Wirtschaftsform. Hier zahlt der Pächter seine Miete keiner Immobilienfirma, sondern einer Gesellschaft von Kapitänen mit vielfältigen Aufgaben. Ging es in der Schiffergesellschaft früher um das Ausstellen von Schiffspässen, die Bewachung des Hafens und Schlichtung von Streitigkeiten, so steht heute nicht zuletzt der Erhalt des Gebäudes selbst im Fokus. Seit 1535 befindet es sich in Händen der Bruderschaft, die es über all die Jahrhunderte in seinem Urzustand konservierte. Kurzfristig in Schwierigkeiten geriet der Zusammenschluss 1866 durch die Aufhebung des Zunftzwanges. Als nunmehr freie Genossenschaft häuften die Kapitäne schnell Schulden an, und plötzlich stand sogar der Verkauf der Immobilie zur Debatte. Stattdessen jedoch verfiel man schließlich auf eine profitable Idee: Aus der altehrwürdigen, nur den Mitgliedern vorbehaltenen Versammlungshalle wurde eine öffentliche Gaststätte.

Adresse Breite Straße 2, 23552 Lübeck-Innenstadt, www.schiffergesellschaft.com | **ÖPNV** Bus 3, 11, 12, 21, 32 bis Haltestelle Koberg | **Öffnungszeiten** täglich ab 10 Uhr | **Tipp** Einige Heiligenfiguren, die einst in der Schiffergesellschaft standen, befinden sich heute im hübschen St.-Annen-Museum (www.st-annen-museum.de).

71 Der Reidemeister

Die Schmiede und der Drahtstapel

Die älteste Kneipe Lüdenscheids besticht durch ihre unaufgeregte Gemütlichkeit: ein überschaubarer Raum, hölzerne Planken und Paneelen. Schnörkelige Laternchen hängen von der geduckten Decke. Eine lange Theke lädt zum Festsitzen ein, alternativ wurden ein paar große Fässer zu Stehtischen umfunktioniert. Entlang der Fenster hockt man sich an kleine Tische, flankiert von Kachelofen und Standuhr.

Des Hauses Phase als Gaststätte reicht zurück bis ins Jahr 1827. Damals wurde das Gebäude verkauft und umgewandelt. Interessant ist aber auch die vorherige Nutzung, spiegelt sich in ihr doch ein Stück Lüdenscheider Vergangenheit. Rund 30 Jahre lang, von 1784 bis 1813, war im heutigen Lokal das Kontor des Drahtstapels untergebracht. An der Werdohler Straße wickelten Lüdenscheider Kaufmänner ihre Geschäfte ab, die sie vor allem ihrem Monopol auf Drahtproduktion verdankten. Das »Sandhövelsche Handelshaus«, so benannt nach dem damaligen Stapeldirektor Peter Sandhövel, war also ein Treffpunkt der Lüdenscheider Upperclass, und an die alte Zeit dockt auch der Name der Kneipe an: Als »Reidemeister« bezeichnet man ganz allgemein Unternehmer aus dem Metallgewerbe, also ungefähr solche Jungs, wie sie auf der Fassade lebensgroß verewigt wurden.

Die Schmiede brachten Geld nach Lüdenscheid, aber auch Gefahr. Allein sechs große Stadtbrände wurden bis 1727 gezählt. Rund 30 Jahre später entstand das Gebäude, in dem man heute bei Bier und kleinen Speisen sitzt. Das zweigeschossige Haus mit seinem verschieferten Giebeldreieck macht inzwischen nicht mehr ganz so viel her wie vor zweieinhalb Jahrhunderten, als der beim Bau verwendete Bruchstein noch unverputzt war. Unter Denkmalschutz steht es dennoch, seit 1997. Und die Kneipenhistorie wird wohl auch nicht so bald zu Ende gehen, denn immerhin gehört der Reidemeister seit 1877 einer Brauerei.

Adresse Werdohler Straße 1, 58511 Lüdenscheid, www.vormann1877.de/Gastronomie/der_reidemeister.html | ÖPNV Bus 41 bis Haltestelle Wilhelmstraße oder in 10 Minuten vom Bahnhof zu Fuß | Öffnungszeiten Mo–Fr ab 17 Uhr, Sa ab 12 Uhr | Tipp Die Lüdenscheider Geschichte zeichnet auch das Stadtmuseum nach (www.luedenscheid.de).

72 Mälzer Brau- und Tafelhaus

Pils statt Pillen

Hustentabletten, Gerste mittel, Isländisches Moos – so lauten die Etiketten des auffälligsten Möbelstücks in diesem Lüneburger Brauhaus. Mit Gastronomie hat das offenbar nur entfernt zu tun, und richtig: Hier handelt es sich eigentlich um einen Apothekenschrank. Erbaut wurde dieses Schmuckstück mit seinen Schwalbenschwanz-Schubladen und porzellanenen Knopfgriffen 1888 für den Apotheker Josef Faber aus Berlin-Kreuzberg. Und bevor es in der Kneipe landete, stand es unter anderem in einem Naturkostladen. Statt Pillen oder Aloe-Vera-Kosmetik werden hier nunmehr Servietten und Speisekarten gelagert.

Der Schrank ist ein gutes Beispiel dafür, wie man auch einem neu eröffneten Lokal Patina einhauchen kann. Zwischen geschmackssicher ausgewähltem Trödel sitzt man lieber als zwischen stilloser Neuware. Was jedoch nicht heißen soll, dass das Mälzer Brau- und Tafelhaus nicht auf eine lange gastronomische Historie verweisen kann. Schon 1540 wird das Haus erstmals als Braustätte erwähnt. 1754 geht es in den Besitz der Familie Crato über, die hier 1763 eine Weinhandlung etabliert. 1972 jedoch wandert die letzte Spätlese über den Verkaufstresen.

Seit das Mälzer im Herbst 1997 seine Pforten öffnete, ist es zugleich Gaststätte und Brauerei. Die mächtigen Kupferkessel stehen mitten im Schankraum, der durch eine offene Galerie an Höhe gewinnt. Die mit Weinranken bemalten Treppenaufgänge sondern den Thekenbereich geschickt vom Restaurantteil ab, sodass man hüben wie drüben eine gewisse Intimität genießt. Wer es jedoch noch separierter haben möchte, steigt am besten in den Gewölbekeller hinab. Dort finden sich zwei winzige Nischen, in denen man wohl sitzen, aber nicht stehen kann. Mälzer Pils ist angenehm gehopft und kommt unfiltriert in die Gläser. Da trinkt man gern mehrere von, aber Vorsicht: Diese Treppe nach unten ist verdammt steil.

Adresse Heiligengeiststraße 43, 21335 Lüneburg-Altstadt, www.maelzer-brauhaus.de | ÖPNV Bus 5005, 5200 bis Haltestelle Rathaus | Öffnungszeiten Mo–Sa ab 9 Uhr, So ab 11 Uhr | Tipp Neben diversen anderen Veranstaltungen gehen im Mälzer auch regelmäßige Jazz-Sessions und -Frühschoppen über die Bühne.

73 Weinhaus Bluhm

16 Finnen brachten die Wende

Ihren Aprilscherz 2010 verlegte die Mainzer Rhein-Zeitung ins Weinhaus Bluhm. Ein Landesarchäologe habe dort beim Schoppen gesessen und trinkend die hölzerne Kassettendecke angestarrt. Einer Eingebung folgend, löste er einen Teil der Verkleidung und entdeckte dahinter das legendäre Bernsteinzimmer. Der damalige Wirt Bernd Bluhm kommentierte: »Ich stamme zwar aus Ostpreußen und bin nach dem Zweiten Weltkrieg von dort nach Mainz gekommen, aber von einem Bernsteinzimmer weiß ich nichts.«

Bluhm war zehn Jahre alt, als sein Vater Robert das ehemalige Weinhaus Leitheiser 1953 übernahm. Zu Anfang verkehrten hier fast ausschließlich einfache Leute, und so war das auch noch, als der einstige Mannschaftsmeister im Ringen 1965 zusammen mit seiner Frau Lotti Bluhm und Tante Herta einstieg. Aber drei Jahre später sollte sich das Publikum schlagartig ändern. Nebenan war eine Kneipe abgerissen worden, die 16 finnische Studenten zu ihrem Hauptquartier erkoren hatten. Also wechselten sie eines Tages ins Bluhm und waren schwer beeindruckt: Dort kostete kein Getränk mehr als 80 Pfennig, und die Rippchen waren so dick, dass ihre Verniedlichungsendung fehl am Platze schien. Noch heute bekommt man hier einen rustikalen Leberwurst-Doppeldecker mit Gewürzgurke, der jedes Schnitzel locker ersetzt. Die Finnen erzählten ihren Kommilitonen, was sie im Bluhm erlebt hatten, und fortan war das Lokal ein angesagter Studententreff.

2003 übergaben die Bluhms den Stab an die Ladendorfs, und der Wein wurde etwas edler. Äußerlich jedoch erinnert das Fachwerkhaus mit den Butzenscheiben noch immer an die Jahre um 1820, als hier erstmals eine Gastronomie betrieben wurde. Und auch im Innern hat sich zumindest in den letzten 50 Jahren kaum etwas verändert, sogar die alte Durchreiche für den Außerhausverkauf existiert noch. Nur Finnisch wird inzwischen nicht mehr so viel gesprochen.

Adresse Badergasse 1, 55116 Mainz-Altstadt, www.weinhaus-bluhm.de | **ÖPNV** Tram 51, Bus 54, 60, 62 bis Haltestelle Schillerplatz | **Öffnungszeiten** Di–Fr ab 16 Uhr, Sa ab 13 Uhr | **Tipp** Das Bluhm lohnt sich auch als Abstecher vom Gutenbergpfad, der den Spuren des Mainzer Buchdruckpioniers folgt (www.mainz.de).

74_Hemmlein

Eine Speisegaststätte vom alten Schlag

Und sei der Hunger noch so klein: Wer in Mannheim weilt, sollte einmal im Hemmlein einkehren. Betritt man dieses Lokal, scheint sich dem Gast ein Schwarz-Weiß-Filter über die Augen zu legen. Plötzlich fühlt man sich zurückversetzt in die Zeit des Wirtschaftswunders, als Männer wie Peter Frankenfeld, Hans-Joachim Kulenkampff oder Hänschen Rosenthal die drei existierenden Fernsehprogramme beherrschten. Das Ambiente hier wirkt so bodenständig wie eine deutsche Eiche und besticht heutzutage zugleich durch seine Einzigartigkeit: ein großer, hoher Raum, der lediglich durch die symmetrische Anordnung der Tische und eine mittige Säule strukturiert wird. Dass an dieser stets die jeweils aktuellen Tageszeitungen baumeln, sei nur am Rande notiert.

Vielleicht sollte man die Zeitreise ins Hemmlein vom nahen Mannheimer Marktplatz aus starten. Das weite, weitgehend trostlose Karree wird gesäumt von Selbstbedienungscafés, der Kontrast könnte nicht größer sein. Dekoriert man seine Etablissements heutzutage eher sparsam, so geht das Hemmlein in dieser Hinsicht aufs Ganze. Diese Wände haben gar keine Chance zu vergilben, so vollgehangen sind sie. Nippes aus zehn Jahrzehnten wird ergänzt durch verblichene Fotos und antike Zeitungsartikel. Welchen Bezug sie zum Lokal und seiner überaus freundlichen Besitzerin haben mögen, wird oft nicht ganz klar.

Das Hemmlein ist kein »Restaurant«, sondern vielmehr eine »Speisegaststätte« vom alten Schlag. Hier bekommt man hausmannsköstliche Gerichte wie Wurstsalat, Saure Bohnen mit Kassler, Schweinskopfsülze, Biergulasch und jede Menge Schnitzel. Die Speisekarte draußen im Glaskasten – man beachte! – wurde tatsächlich noch auf einer echten Schreibmaschine getippt. Und wer sich fragt, wie das auf diesen Steinzeitgeräten fehlende Eurosymbol generiert wird: durch ein großes »C« und einen handgezogenen Querstrich.

Adresse S2 2, 68161 Mannheim-Quadrate | **ÖPNV** Straßenbahn 1, 3, 7 bis Haltestelle Marktplatz | **Öffnungszeiten** Mo–Sa ab 11 Uhr | **Tipp** Selbstverständlich kann man sich im Hemmlein auch nur auf ein Glas Bier oder Wein niederlassen.

75 Die Salzscheuer

Wo Passion vor Profit geht

Die Salzscheuer in Marbach ist kein ganz normales Wirtshaus und Salzscheuerbräu kein ganz normales Bier. Der Nonkonformismus beginnt bereits bei den Öffnungszeiten. »Auf ist, wenn auf ist«, sagt Dieter Baader. Seit dem Jahr 2000 betreibt er hier seine private Mikrobrauerei, deren Sortiment vom gewöhnlichen Pils über Weizen bis zum Schwarzbier reicht – abhängig davon, wonach dem Braumeister gerade ist. Baader hat bis zu seiner Pensionierung als Maschinenbauer bei Daimler-Benz gearbeitet und wollte sein Rentnerleben »nicht am Kamin« verbringen. Also erstand er das ehemalige Salzlager gegenüber seinem Haus und setzte eine Brauerei samt Gaststube hinein.

Dass in Marbachs Mittlerer Holdergasse Passion vor Profit geht, erkennt der Gast mit dem Eintritt. Wände und Decken quellen über vor Bierdevotionalien aus aller Welt, im Grunde trinkt man hier mitten in einem exklusiven Gerstensaftmuseum. Neben seltenen Bierbüchern, historischen Werbeschildern und exotischen 0,33er-Büchsen gehört auch eine metallene Gambrinus-Plakette zur Sammlung, aufwendig gedengelt von einem ägyptischen Goldschmied. Direkt vorn am Eingang wiederum passiert man einen geschnitzten Kleiekotzer. Mit solchen Fratzen dekorierte man früher das Spundloch der Getreidemühlen, aus dem das geschrotete Korn schießt – man kennt diese Szene aus dem letzten Kapitel von Max und Moritz, deren Getreideumrisse ihren unvermeidlichen Tod illustrieren. Beim Marbacher Maschinenbauer-Brauer hingegen springen, angetrieben von einer versteckten Mechanik, schokoladene Goldtaler aus dem Rachen des Teufels.

Auch das Gemäuer selbst ist historisch, grenzt es doch an die erste Marbacher Stadtmauer aus dem frühen 15. Jahrhundert. Hier sitzt man ebenso wohltemperiert, wie das Bier in die Gläser kommt. Und wenn jemand wissen möchte, wie dieses leicht naturtrübe Gebräu schmeckt, dann sei ihm gesagt: Nach mehr!

Adresse Mittlere Holdergasse 11, 71672 Marbach, www.salzscheuer.com | **ÖPNV** Die Salzscheuer liegt zehn Fußminuten vom Bahnhof entfernt in der überschaubaren Marbacher Altstadt. | **Öffnungszeiten** Nach Vereinbarung: Tel. 07144/13653 | **Tipp** Die Holdergassen bilden das historische Viertel der ehemaligen Weinbauern.

76_Zur Sonne

Thesen, Märchen und andere Geschichten

»WERGOTVERTRAVWTHATERWOLGEBAVWT« – diesen Spruch hat Conrad Klein 1600 über dem Eingang seines Hauses anbringen lassen. Und die Zeit gibt ihm recht: Auch über vier Jahrhunderte später steht dieses Gebäude noch tapfer am Marburger Markt. Dieser zentrale Platz des Universitätsstädtchens fällt zur Lahn hin so stark ab, dass die Tassen auf den Caféhaustischen nicht allzu voll sein dürfen. In der Marburger Altstadt läuft man keine 20 Meter ebenerdig, und auch das Haus Nummer 14 scheint sich an seinen Nachbarn zur Rechten ein wenig anzulehnen. Im Innern dieser vier Fachwerketagen unterm verschindelten Dach wirkt jedoch alles sehr vertrauenserweckend.

Dicke Pfähle stützen die niedrigen Balkendecken. Die zigfach unterteilten Fensterchen lassen nur wenig Licht herein, aber die relative Düsternis verstärkt noch den Eindruck, hier wie in alten Zeiten zu zechen. Wer neben dem Kachelofen im Parterre sitzt, sollte einmal auf dessen Sockel achten. Den nämlich bildet ein ehemaliger Kelterstein des Hauses Zur Sonne aus dem Jahr 1604. Erwiesenermaßen wurde dort seinerzeit sowohl Brot gebacken als auch Apfelwein gekeltert.

Schon damals dürften hier jene beiden Spezies verkehrt haben, die die Marburger Historie bis heute prägen: Studenten und Professoren. Am 31. Oktober 1517 hatte Luther seine 95 Thesen an die Tür der Wittenberger Schlosskirche genagelt. Und nur zehn Jahre später gründete der Marburger Landgraf Philipp an der Lahn die erste theologische Alma Mater lutherischer Ausrichtung. Rund 300 Jahre danach studierten hier zwei junge Herren, die in die Literaturgeschichte eingehen sollten: die Gebrüder Grimm – Jacob und Wilhelm. Über ihren hiesigen Lehrer Friedrich Carl von Savigny kamen sie erstmals mit der deutschen Romantik in Kontakt und auf die Spur der Volksmärchen. Und wo sammelte man solche Geschichten? – Zum Beispiel in der »Sonne«.

Adresse Markt 14, 35037 Marburg, www.zur-sonne-marburg.de | **ÖPNV** Bus 1, 2, 3, 4, 6, 7 bis Haltestelle Rudolphsplatz | **Öffnungszeiten** täglich 8–14 und 18–22 Uhr | **Tipp** Die Marburger Uni ist die älteste protestantische Alma Mater der Welt. Besonders sehenswert: die Aula (www.uni-marburg.de).

77 Schwerter Schankhaus

Bier statt Backwerk

Noch 1995 war dieses Renaissance-Haus aus dem 16./17. Jahrhundert nicht viel mehr als eine Ruine. Tür und Fenster waren vernagelt, die Bretter beschmiert. Bis in die 1970er Jahre hinein hatte hier eine Bäckerei mit angeschlossenem Café existiert, danach jedoch wurde das Haus dem Verfall preisgegeben. Fast 20 Jahre lang stand es leer.

Ebenfalls in den 1970ern wurde die traditionsreiche Schwerter Brauerei zwangsverstaatlicht. Jahr für Jahr war die privatwirtschaftlich organisierte Produktion gestiegen, und das war den realsozialistischen Offiziellen wohl verdächtig. Bis zur Wende blieb der Betrieb eingegliedert in den »VEB Felsenkeller« des »Getränkekombinats Dresden«. Als die Brauerei wieder in private Hände überging, schuf sie sich zwei neue Stammhäuser. Im Meißener Gewerbegebiet entstand eine nagelneue Produktions- mit angeschlossener Gaststätte. Und direkt am Markt wurde jene heruntergekommene Bäckerei renoviert und mutierte zum Schwerter Schankhaus.

Ein schmales Gebäude verlangt nach besonderen Lösungen bei der Raumaufteilung. Im Schankhaus betritt man zunächst einen betischten Gaststättenbereich. Besonders zu empfehlen: Die Plätze rechts und links des Windfangs. Dort sitzt man in leicht separierten Nischen mit Blick auf den historischen Marktplatz und das gotische Rathaus direkt gegenüber. Vor dem hinteren, dritten Raum wurde sodann die Schwemme eingezogen. Hier genießt man – an der Theke oder am Stehtisch – die Schwerter Bierspezialitäten. Dazu gehört neben diversen saisonalen Produkten auch das süffige St.-Afra-Schwarzbier, benannt nach einem ehemaligen Meißener Kloster. Die heilige Afra war eine christliche Märtyrerin und ist als bekehrte Prostituierte auch deren Schutzpatronin. Wer sie nicht nur trinken, sondern auch anbeten möchte, muss allerdings von Meißen nach Speyer reisen: Dort im Dom ist ein Zehknöchelchen von ihr ausgestellt.

Adresse Markt 6, 01662 Meißen, www.schwerter-schankhaus.de | ÖPNV Stadtbus C, Regionalbus 412, 413 bis Haltestelle Altstadtbrücke | Öffnungszeiten täglich ab 11 Uhr | Tipp Die Schwerter Brauerei in der Ziegelstraße 6 kann nach Voranmeldung besichtigt werden (www.privatbrauerei-schwerter.de).

78 Zum Riesen

Richard, Hans und Elvis

Eine erste historisch gesicherte Erwähnung des »Riesen« stammt von 1411, und manches deutet darauf hin, dass hier sogar schon Mitte des 12. Jahrhunderts ein Gasthof stand. Deshalb wetteifert der Riesen in Miltenberg mit einigen anderen Schänken um den Titel des ältesten deutschen Gasthauses überhaupt. Dabei muss man, um die Ausnahmestellung des Lokals würdigen zu können, gar nicht so weit in der Geschichte zurückgehen. Immerhin hat hier Elvis übernachtet, der King. Und ebenso sein deutsches Pendant Hans Albers sowie ein weiteres Mitglied des Popstarolymps: Richard Strauss, der Komponist. Er stammte mütterlicherseits von der Bierbrauer-Dynastie Pschorr ab. Auch in Miltenberg wird gebraut, hier setzt man allerdings auf Faust Bier.

»Der Riesen ist nicht für Riesen gebaut«, liest man über der Treppe. Stimmt, dieses Höhenmaß hat vielleicht früher einmal gepasst, als die Menschen noch etwas kleiner waren. Und »früher«, das heißt in diesem Fall 1590. In jenem Jahr nämlich bekam das Gebäude seinen eindrucksvollen Renaissance-Fachwerkaufsatz, der die Zeitläufte beinahe unbeschadet überstand. Gastwirt Jost Virnhaber waren zum Zweck der Erweiterung vom Rat 100 Eichenstämme bewilligt worden, die sein Zimmermann virtuos zu nutzen wusste. In der Folge scheint die Schänke so gut gelaufen zu sein, dass sie gefährliche Neider auf den Plan rief: Zwei Riesen-Wirte des frühen 17. Jahrhunderts starben als angebliche Teufelsanbeter auf dem Scheiterhaufen der Inquisition. Protokolle der Miltenberger Hexenprozesse bezeichnen die Freifläche vor dem Lokal als berüchtigten »Hexentanzplatz«. Heutzutage jedoch tanzt hier eher der Bär, je nach Publikum und Stimmung. Seit einer 2001 abgeschlossenen Renovierung der Innenräume ist der Riesen wieder als solides Brauhaus eingerichtet. Und mit dem Faust Spezial bekommt man sogar ein Starkbier, das es exklusiv nur hier gibt.

Adresse Hauptstraße 99, 63897 Miltenberg, www.riesen-miltenberg.de | **ÖPNV** Bus 81 bis Haltestelle Linde | **Öffnungszeiten** täglich ab 11 Uhr | **Tipp** Miltenbergs mittelalterlicher Kern ist nicht nur des Riesen wegen einen Ausflug wert.

79__St. Vith

Kirche, Kneipe, Kreuz und Korn

Auf dem Gladbacher Alten Markt stand einst der Pranger des Abtes. In seiner Abwesenheit, so erzählen die Annalen, habe der herzogliche Vogt das Holzgerüst entfernen und durch eines aus Stein ersetzen lassen. Zum Zeichen der Machtübernahme schmückte er es zudem mit seinem Wappen. Als der Abt wieder Oberwasser hatte, setzte er ein Haus zwischen sein Kloster und den enteigneten Pranger. Weil es als reiner Sichtschutz zu schade gewesen wäre, diente es viele Jahre als Gästehaus für Reisende und Besucher der Abtei. In den folgenden Jahrhunderten mutierte der Bau dann zu einer Schänke.

Die Stadtkonservatoren datieren dieses kleine, exponiert stehende Häuschen auf die Zeit kurz nach 1600. Damals verfügte Mönchengladbach zwar bereits seit rund 250 Jahren über die kaiserlichen Stadtrechte, aber noch nicht über einen Fußballverein. Da hier jedoch inzwischen ein fünfmaliger deutscher Meister aufläuft, ist klar, dass auch das St. Vith einer ausgeprägten Soccer-Liebe frönt. Jenseits dessen lässt sich aber an der langen Holztheke und den immer gut gefüllten Stehtischen im Eingangsbereich auch ein ballfreier Abend auf das Angenehmste verbringen. Der alte Brauch, dass ein leeres Glas umstandslos wieder aufgefüllt wird, gilt übrigens bis heute. Es sei denn, der abgefüllte Gast platziert einen Bierdeckel auf dem Behältnis.

Wer ganz nach hinten durchgeht, gelangt in einen Erker mit dem einzigen gestalteten Fenster des Lokals. Ob man sich dort in einer Kirche oder Kneipe befindet, wird nicht ganz klar, denn bei dem auf Glas gemalten Mann handelt es sich um einen christlichen Märtyrer. Der heilige Veit (oder St. Vitus) starb um 304 in Italien, weil er sich weigerte, seinem Glauben abzuschwören. Später wurde er nicht nur zum Schutzpatron der Stadt Mönchengladbach, sondern auch zu dem der Bierbrauer und Gastwirte. Und damit sind dann Kreuz und Korn wieder unter einem Dach.

Adresse Alter Markt 6, 41061 Mönchengladbach-Stadtmitte, www.st-vith.de | **ÖPNV** Bus 003, 007, 010, 019, 033 bis Haltestelle Alter Markt | **Öffnungszeiten** Mo–Do ab 17, Fr, Sa ab 12 Uhr, So nur an Spieltagen von Borussia | **Tipp** Der QR-Code am Laternenmast vor dem St. Vith erzählt die Geschichte eines Bierkutschers aus dem Jahr 1909.

80_Die Schatulle

Mölmsch reden, Mölmsch trinken

Mülheim, wie alle Industriestädte, musste im Krieg arge Zerstörungen hinnehmen. Ebenso war der Strukturwandel nach dem Ende der Montanindustrie mit großen Schwierigkeiten verbunden. Auch die Mülheimer Altstadt hatte mit Verlusten zu kämpfen, durch Bomben wie durch spätere Abrisse. Ganz verschwunden jedoch ist ihre alte, dörfliche Atmosphäre nicht. Dafür sorgen die gepflasterten Gassen und alten Häuschen wie jenes am Muhrenkamp 7, das »Die Schatulle« beherbergt.

Eingefräst in den Balken über der Eingangstür steht das Jahr der ersten urkundlichen Erwähnung des Gebäudes: 1771. Die Fassade des Fachwerkhauses zeigt eine symmetrische Gliederung mit einer klaren Rechteckstruktur des Balkengitters. Innen hingegen präsentieren sich die Räumlichkeiten angenehm verwinkelt. Im offenen ersten Stock bestimmen Rot- und Brauntöne die Atmosphäre, der Gast sitzt zwischen freigelegten Fachwerkbohlen, schmiedeeisernem Geländer und ausgesuchten Antiquitäten. Der Thekenbereich im Parterre wird durch den Treppenaufgang vom Restaurantbetrieb abgesondert und garantiert den Nur-Trinkern auch an gut besuchten Tagen eine intime Tresen-Atmosphäre. Im Angebot stehen für den Schatulle-Gast fünf Biere vom Fass, darunter auch das echt Mülheimer Mölmsch. Dieses helle, obergärige Bier lehnt sich namentlich an das Kölner Kölsch an – hier wie da bezeichnet ein einziges Wort zugleich das Bier und den Dialekt. Erstmals in die Gläser floss das Mölmsch 1963, damals als Produkt der alteingesessenen Berg-Brauerei aus Mülheim-Dümpten. 1991 jedoch schloss die letzte von einst 60 Mülheimer Brauereien, und mit ihr verschwand auch das Mölmsch von der deutschen Bierlandkarte. Erst 18 Jahre später wurde diese Tradition dann durch fünf Mülheimer Jungunternehmer wiederbelebt – in Mülheim fließt wieder Mölmsch aus den Hähnen. Und dass sich die Mühen gelohnt haben, erfährt man unter anderem am Tresen der Schatulle.

Adresse Muhrenkamp 7, 45468 Mülheim/Ruhr-Mitte, www.schatulle-mh.de | **ÖPNV** Bahn 112 oder Bus 124 bis Haltestelle Stadtmitte, Bus 151 bis Wertgasse | **Öffnungszeiten** Di–So ab 17 Uhr | **Tipp** Historisch interessant ist auch das Mülheimer Museum zur Vorgeschichte des Films (www.camera-obscura-muelheim.de).

81 Augustiner

Bierpalast und Großgaststätte

Das Münchner Augustiner-Bräu gilt als sogenannter »Bierpalast«. Der ein wenig pompös daherkommende Begriff stammt aus dem 19. Jahrhundert. Die Epoche der Romantik, so erklärt der Historiker, setzte alle Kunstgattungen auf die Fährte des Mittelalters, verbunden mit der Suche nach einem einenden deutschen Nationalbewusstsein. Und diese Hinwendung zum Urtümlichen, Einfachen etablierte auch das zuvor als proletarisch-bäuerlich verachtete Bier als gesellschaftlich akzeptables Getränk. In der Folge entstanden dementsprechend in vielen deutschen Städten riesige »Paläste« mit oft hallenartig hohen Decken, die einzig und allein dem Gerstensaft geweiht waren. Hier sollte das (Bürgers-)Volk jederzeit einkehren und unter seinesgleichen debattieren können.

Schon Ende des 13. Jahrhunderts entstand nahebei jenes Augustinerkloster, dem die heutige Großgaststätte ihren Namen verdankt. Nachweislich ab 1328 wurde hier Bier gebraut und ausgeschenkt. 500 Jahre später dann, nach der Säkularisierung der Klöster, wechselte das Brauhaus an den heutigen Standort. Verantwortlich für die auffällige Gestaltung des Gebäudes ist der Architekt Emanuel von Seidl (1856–1919). Vor allem die aus Glas und Eisen konstruierte Decke des Saals sorgt für eine kolossale Raumwirkung.

Etwas weniger »palastig« geht es in der Bierhalle des Augustiner zu. Hier trinkt man das hauseigene Bräu frisch gezapft vom Fass und in verschiedenen Varianten, allen voran das Helle und das Hefeweiße. Trotz seiner Beliebtheit – oder gerade wegen des ständigen Stimmengewirrs rundherum – sitzt man im Augustiner ausgesprochen intim. Wenn er einem nicht gerade ins Ohr singt, versteht man selbst den direkten Nachbarn nicht. Und die auf jedem Tisch greifbar deponierten Laugenbrezeln wirken ebenso gemütlich-charmant wie die hinter Glas gerahmten, völlig verrutschten Spielkarten an den Wänden.

Adresse Neuhauser Straße 27, 80331 München-Altstadt-Lehel, www.augustiner-restaurant.com | ÖPNV U4, 5, Straßenbahn 16, 17, 18, 20, 27 bis Haltestelle Stachus/Karlsplatz | Öffnungszeiten Mo–Sa ab 9, So ab 10 Uhr | Tipp Es gibt sogar Augustiner-Kappen und -T-Shirts. (www.augustiner-braeu.de).

82 Fraunhofer

Bierzäpflerey statt Brodhäusl

Unter den vielen kleineren Wirtshäusern der Münchner Gastronomie ist das Fraunhofer eines der schönsten. Seine Geschichte beginnt im Herbst 1774 mit einer Eingabe an den »wohllöblichen Magistrat der churfürstlichen Haupt- und Residenzstadt«. Darin ersucht der Münchner Bürger Andreas Rankl darum, in diesem alten »Beck- oder Brodhäusl« eine »Bierzäpflerey« einrichten zu dürfen. Die hier in Mehrheit anrainernden Bäcker beschwerten sich offenbar massiv über den artfremden Eindringling, wenn auch ohne Erfolg. Wie dickschädlig man in dieser Sache jedoch blieb, bezeugt eine erneute Eingabe rund 50 Jahre später. Als da mit Michael Vollnhals ein gelernter Bäcker das Brauhaus übernahm, bestanden seine Berufskollegen darauf, dass er das Backen sofort aufzugeben habe. Brot und Bier unter einem Dach, das schien den Herren wohl eine übermächtige Konkurrenz.

Das »Brodhäusl«, wie es über Jahrzehnte hieß, wurde 1874 abgerissen. An seiner Stelle entstand danach jenes Gebäude, das man heute noch betritt. Damals allerdings geschmückt von einer klassizistischen Fassade, die nach 1945, obwohl nur unwesentlich zerstört, nicht restauriert wurde. Umso beeindruckender hingegen das Innere des seit 1896 »Fraunhofer« getauften Wirtshauses. Interessanterweise dauerte es wieder genau 100 Jahre, bis dem Lokal eine weitere entscheidende Wende beschert wurde: Nach zahllosen Wirtswechseln etablierte sich 1974 ein Triumvirat, das dem Fraunhofer peu à peu seinen alten Schick zurückgab. Ob die lange hinter Farbe und Paneelen versteckten Säulen oder die reich verzierte Stuckdecke: Alles wurde freigelegt und in den Originalzustand zurückversetzt. Auch im 1975 eingerichteten hauseigenen Theater geht es oft richtig zur Sache, während in alter Zeit so manche Einschränkung galt. Die Kugeln der 1891 installierten Kegelbahn etwa hatten ab 22 Uhr, »des geringern Lärmens wegen«, aus Gummi zu sein.

Adresse Fraunhoferstraße 9, 80469 München-Ludwigsvorstadt-Isarvorstadt, www.fraunhoferwirtshaus.de | **ÖPNV** U1, 2 bis Haltestelle Fraunhoferstraße | **Öffnungszeiten** täglich ab 16.30 Uhr | **Tipp** Außerdem hat das Fraunhofer Musikfrühschoppen auf Blasmusik-Basis im Programm.

83 Pinkus Müller

Carl und die Gaslaterne

Nicht besonders geläufig dürfte den meisten Menschen das Wort »Altbierküche« sein. In Münster jedoch begegnet man ihm, genauer gesagt: bei Pinkus Müller. In früheren Zeiten wurde in der Bierküche der Außer-Haus-Verkauf abgewickelt. Hier bekam man sein Feierabendbier für die heimische Couch, frisch abgezapft und in Kannen. Den ersten Schluck jedoch, mitten hinein ins Schaumige, tat man gern direkt vor Ort. Weil das Antrinken immer länger dauerte, offerierte man diesen Gästen irgendwann einen Hocker. Und so wurde mit der Zeit aus dem Verkaufslokal eine Kneipe.

Dass man in Münster längst nicht mehr »zu Müllers«, sondern »zu Pinkus« geht, hängt mit einem Spross der vierten Generation zusammen. Der 1899 geborene Carl hatte mit zwei Kumpanen einen sogenannten »Bullenkopp«, also einen Sechs-Liter-Krug geleert, als ihnen die Idee für einen Pinkelwettkampf kam. Es war schließlich Carl, der das Gaslicht zum Erlöschen brachte. Auf den neugeborenen Titel »Pinkus« war er so stolz, dass er ihn sogar in seinen Pass eintragen ließ.

Nach seiner Ausbildung zum Braumeister schien es eine Weile so, als werde aus dem stimmlich begabten jungen Mann womöglich ein Opernsänger. Dass er letztlich doch noch die Kurve zurück ins familiäre Brauhaus kriegte, tat diesem ausgesprochen gut. Denn dass hier eine ungebrochene Tradition gepflegt wird, erkennt der Gast mit dem Eintreten. Tiefe Riefen zeichnen die täglich gebürsteten Wirtshaustische, ergänzt von den wilden Schnitzereien der Gäste aus vielen Jahrzehnten. Die niedrige Theke, Standuhren und antikes Mobiliar schaffen in ihrer gelungenen Kombination eine Wirtshausatmosphäre, in der man sein Bierchen ausgesprochen gern trinkt. Ein Problem bereitet dann höchstens die Frage, für welches Brauprodukt man sich entscheiden soll. Denn Pinkus gibt es heutzutage als Alt, Pils, Weizen und in acht weiteren Varianten.

Adresse Kreuzstraße 4–10, 48143 Münster-Zentrum, www.pinkus.de | ÖPNV Bus 5, 6 bis Haltestelle Kuhviertel/Rosenplatz | Öffnungszeiten Mo–Sa ab 12 Uhr | Tipp Direkt gegenüber liegt die Cavete, eine der ältesten Münsteraner Studentenkneipen.

84_Zum Gulden Stern

Buchenholz und Saure Zipfel

Dass man sie mindestens im halben Dutzend bestellt, sollte den Touristen eigentlich schon zum Nachdenken bringen. Trotzdem ist der ein oder andere überrascht, wenn er dann als echt Nürnberger Spezialität kaum fingerlange und -dicke Bratwüste vorgesetzt bekommt. Um ihre Größe ranken sich mehrere Legenden, und die schönste besagt, ein alter Nürnberger habe das Gesetz übertreten, wollte aber auch im Gefängnis nicht auf seine geliebten Würste verzichten. Also machte man sie ihm so klein, dass sie sich durchs Schlüsselloch des Kerkers schieben ließen.

Der Gulden Stern in der Zirkelschmiedsgasse wirbt damit, die »älteste Bratwurstküche der Welt« zu sein. Der Wahrheitsgehalt sei dahingestellt, aber »alt« ist dieses Haus allemal. Erstmals 1419 erwähnt, wurde es wahrscheinlich um 1375 erbaut. Dank einer Urkunde von 1640 weiß man, dass das Lokal in jenem Jahr in die gehobene Kategorie der Speisehäuser eingeordnet wurde. Auch heute kann man sich hier bedenkenlos zum Mahl niederlassen. Die Nürnberger Würste werden für alle Gäste sichtbar auf der offenen Feuerstelle gebraten. Zum Geschmack trägt nicht zuletzt der Rauch des verwendeten Buchenholzes bei, und auch verschiedene eigene Kreationen stehen im Angebot. Erwähnt sei der »Saure Zipfel«, bei dem die Würstl mit Zwiebeln und im Frankenweinsud serviert werden.

Gepolsterte Simse verhindern, dass es allzu weh tut, wenn man sich in diesem verwinkelten Häuschen den Kopf stößt. Wie durch ein Wunder hatte es sechs Jahrhunderte lang alle Unbill überlebt, als 1980 das Ende zu nahen schien. Das Lokal lag am Rande eines Rotlichtbezirks und stand seit Jahren leer. Im Verkauf inklusive war die Abbruchgenehmigung, von der der neue Inhaber Martin Hilleprandt jedoch keinen Gebrauch machte. Stattdessen wurde mit Hilfe der Nürnberger Altstadtfreunde fünf Jahre lang renoviert. Und seitdem leuchtet er wieder, der Gulden Stern.

Adresse Zirkelschmiedsgasse 26, 90402 Nürnberg-Lorenz, www.bratwurstkueche.de | **ÖPNV** U1, 2, 3, Straßenbahn 4, 6, Bus 34, 36 bis Haltestelle Plärrer | **Öffnungszeiten** täglich ab 11 Uhr | **Tipp** Im nahen Germanischen Nationalmuseum hängen diverse Werke Albrecht Dürers, der einst auch im Gulden Stern verkehrt haben soll.

85_Distel

Schottisch, irisch, kohlenpöttisch

Eingeklemmt zwischen der Autobahn und einem Baustoffladen: ein altes Haus aus braunem Backstein. Unkonventionell steht es im Sinne des Wortes »quer« zu allen Straßen und Nachbarhäusern. »Wir sind hier im Ruhrgebiet«, erzählt dieser Ort, »hier war es seit dem ersten Kohlefund vor 200 Jahren nie mehr ruhig.« Und wer für diesen historischen Wink eine Bestätigung braucht, der schaue einmal links am Haus vorbei. Da ragt der berühmte Oberhausener Gasometer in den Himmel, 117 Meter hoch bei 68 Metern Durchmesser.

Es war ein Essener, der dieses Haus 1850 erbaute. Weil sich hier zwei wichtige Landstraßen kreuzten, entstand eine Wechselstation für Fuhrwerke, in der neben den Pferden auch die Kutscher und Gäste erfrischt wurden. Die Original-Schankerlaubnis sowie verschiedene Gerätschaften aus jenen Tagen finden sich noch heute in der Kneipe. Recht ungewöhnlich ist der familiäre Hintergrund jenes 1893 geborenen Leo Buschmann, der das »Haus Buschmann« in der ersten Hälfte des 20. Jahrhunderts leitete: Der erste Sohn nach 15 Mädchen stand bis 1945 hinter der Zapfanlage. Zu seinen Gästen sollen unter anderem Ernst Kuzorra und Fritz Szepan gehört haben, Stars des legendären »Schalker Kreisels« von S 04. 1976 war dann sogar der WDR mit seinen Kameras vor Ort, um einen Hansjörg-Felmy-Tatort zu drehen. Regelmäßige Stammtische unterhielten hier hingegen echte Kohlenpottmenschen wie die Betriebsführer der Zeche Osterfeld oder der Brieftaubenverein »Pfeil«.

Seit einigen Jahren nun zieht dieses Lokal als gemütlich-rustikaler Folkschuppen seine Gäste an. Irisch-schottische Anleihen sind unverkennbar und vereinen sich glücklich mit dem erdigen Charme des Ruhrgebiets. Für einen Besuch empfohlen sei jener halbrunde Tisch mit den altertümlich gedrechselten Beinchen. Der »älteste Kneipentisch Oberhausens« stammt noch aus dem 19. Jahrhundert.

Adresse Sterkrader Straße 117, 46117 Oberhausen-Osterfeld-West, www.distel-oberhausen.de | ÖPNV Straßenbahn 112, Schnellbus 90, 91, 92, 93, 95, 96 bis Haltestelle Olga-Park | Öffnungszeiten Mo–Sa ab 18 Uhr | Tipp Die Distel veranstaltet regelmäßige Live-Konzerte.

86 Klinkerburg

Stil und Jugendstil

Die Reisezentren deutscher Bahnhöfe sind normalerweise sehr funktional eingerichtet. Vor jenem in Oldenburg jedoch prangt in goldenen Lettern der Schriftzug »Wartesaal I. und II. Klasse«. Fahrkarteninformationen erhält man heutzutage in der »II. Klasse«, einem unendlich hohen Raum mit ornamentalem Wandschmuck, Eichen-Ahorn-Parkett und Zierbrunnen. Wer jedoch weiter zur »I.« durchgeht, steht unvermittelt in einem noch imposanteren Saal.

Der Oldenburger Bahnhof wurde am 3. August 1915 feierlich eröffnet, und von Beginn an sprach die Bevölkerung wegen des vorherrschenden Materials von der »Klinkerburg«. Genauso heißt auch das 2001 eröffnete Lokal in der alten Wartehalle für die erste Klasse, und wenn man sie betritt, mutet der Name ein wenig schnöde an. Denn die überbordende Jugendstilpracht mit den Original-Fliesen und den rekonstruierten Wandmalereien hätte man hinter diesen norddeutschen Brandsteinen nicht erwartet. Seien es die hohen Stuckdecken, die Wandleuchten oder die Kerzenständer – hier kommt beinahe jedes Einrichtungsdetail in einem floralen Kleid daher. Klar, dass in solch einem Ambiente dann auch so viele echte Blumen wie möglich aufgestellt werden.

Wer nur auf den Zug wartet und etwas trinken will, setzt sich auf einen Cocktail an die ewig lange Theke. Edward Hoppers berühmte »Nighthawks« hätten hier genügend Platz, um existentialistisch vor sich hin zu schweigen. In Oldenburg jedoch lässt man sich eher auf einen Plausch mit dem netten Personal ein. Ebenfalls zum gastronomischen Bereich zählt neben dem angrenzenden Turmzimmer der schräg gegenüberliegende Fürstensaal. Das Gebäude war ursprünglich dem Oldenburger Großherzog und seiner Familie vorbehalten, die hier ungestört vom Pöbel auf den Zug warten durften. Entsprechend prunkvoll sieht er aus, dieser Saal – und auch heutzutage steht er nicht jedermann offen. Es sei denn, man mietet ihn direkt ganz.

Adresse Bahnhofsplatz 12, 26122 Oldenburg-Innenstadt, www.klinkerburg.de | **ÖPNV** Als ehemaliger Wartesaal liegt die Klinkerburg direkt am Hauptbahnhof. | **Öffnungszeiten** Mo–Sa ab 11 Uhr | **Tipp** Im Schloss der Oldenburger Herzöge findet man auch das Landesmuseum (www.landesmuseum-oldenburg.niedersachsen.de).

87_Alte Gaststätte Holling

Lottoscheine, Lebensmittel und Likör

Jedes Lokal profitiert davon, Künstler zu seinen Stammgästen zu zählen. Im Falle der Alten Gaststätte Holling lautet der entscheidende Name Fritz Wolf. Der Wahl-Osnabrücker (1918–2001) arbeitete als Grafiker und politischer Karikaturist unter anderem für die Welt und den Stern. Ab 1952 fungierte er als Hauskarikaturist der Neuen Osnabrücker Zeitung. Viele seiner Sketche und satirischen Zeichnungen landeten irgendwann an den Wänden seiner bevorzugten Feierabendwirtschaft und können bis heute – zum Teil als Original – betrachtet werden. Des berühmten Gastes gedacht wird vor allem im nach ihm benannten Fritz-Wolf-Gewölbe. Der kleine Raum diente in alter Zeit als Vorrats- und Kühlkammer. Erst durch die Verheerungen des Zweiten Weltkrieges rückte er in den Gastronomiebereich: Wie fast die gesamte Osnabrücker Altstadt, so wurde auch die Gaststätte Holling beim Bombenangriff vom 13. September 1944 bis auf die Grundmauern zerstört. Zwar errichtete man das Haus nach altem Vorbild neu, aber etwas weiter von der Straße zurückversetzt. Und dadurch wurde eben auch jenes kleine Gewölberäumchen erschlossen.

180 Jahre lang, von 1798 bis 1978, war die Gaststätte in Familienbesitz und erlebte dabei so manchen Wandel. Als hier 1903 der Münsteraner Kaufmann Hermann Holling einheiratete, wanderte sein Name über den Eingang. Auch seine Tochter Gertrud, verheiratete Wermelt, blieb beim »Holling«. Um ausdrücklich an die lange Tradition des Lokals anzuknüpfen, gab sie ihm nach dem Wiederaufbau den Vornamen »Alte«. Gemeinsam mit ihrem Mann Aloys führte sie das Haus sodann bis 1978 – 30 Jahre lang. Auch nach der Grundüberholung von 2006 steht die Theke für die Stammtrinker noch direkt hinter dem Eingang. Lottoscheine und Lebensmittel gehen hier heutzutage allerdings nicht mehr über den Tresen. Es sei denn, man will auch Bier, Wein und Likör zu Letzteren zählen.

Adresse Hasestraße 53, 49074 Osnabrück-Innenstadt, www.alte-gaststaette-holling.de | ÖPNV Bus 41, 51, 81 bis Haltestelle Hasetor | Öffnungszeiten Mo–Fr ab 17, Sa ab 11.30 Uhr | Tipp Das Fritz-Wolf-Denkmal findet man zwischen Fritz-Wolf-Platz und Fritz-Wolf-Passage an der Krahnstraße, nahe dem Osnabrücker Rathaus.

88 Die Heilig-Geist-Stiftschenke

Das Bischofszimmer und ein uralter Stammtisch

Sehr sakral wirkt er, dieser Name. Aber diese Schenke war immer ein weltliches Gebäude. Sie geht zurück auf eine Stiftung des ehemaligen Stadtrichters und Münzmeisters Urban Gundacker im Jahr 1358. Damals ließ er ein Armenspital errichten, das durch die ebenfalls in die Stiftung eingebrachten Weinberge finanziert wurde. Und an den Mann bringen kann man die gewonnenen Rebenprodukte natürlich am besten in einer Gaststätte. Gundacker und seiner Frau Plektraud ist dann auch der erste Raum des Wirtshauses gewidmet. Ein Gemälde des Stifters hängt über dem Kachelofen, leicht verdeckt von großen Schnapskalebassen.

Kachelofen, das ist auch ein gutes Stichwort für die weitere Besichtigung des Lokals. Denn hinter dem waidmännischen »Jagd-« gelangt man ins »Bischofszimmer« mit seinem auffälligen Apostelofen. Sämtliche der grünen Kacheln wurden mit dreidimensional herauswachsenden Heiligenfiguren verziert. Dieser letzte Raum ist von seiner Einrichtung her auch zugleich der älteste des Ensembles. In der Heilig-Geist-Stiftschenke treffen sich zahlreiche Passauer Stammtische, und dass es solche geselligen Runden bereits vor langer Zeit gab, belegt die Nachbildung eines historischen Wappens. Unter dem Original tafelte bereits 1280 die »Lamplbruderschaft«, in der »Schiffleut und Salzfertiger« organisiert waren. Ihre heutigen Nachfolger sitzen auf schweren Stühlen, zwischen tiefschwarz gebeizten Wandvertäfelungen und unter einem filigran geschnitzten Kronleuchter. Für zusätzliches Licht sorgen tagsüber die von dem Passauer Glasmaler Franz Xaver Kurländer (1866–1959) gestalteten Fenster. Und damit bei Speis, Trank und Palaver nichts schiefgeht, wacht über dem Durchgang die Büste von Urban Gundackers geistlichem Pendant, Fürstbischof Gottfried von Weisseneck.

Adresse Heiliggeistgasse 4, 94032 Passau-Altstadt, www.stiftskeller-passau.de | **ÖPNV** Bus 5, 6148 bis Haltestelle Am Schanzl | **Öffnungszeiten** Do–Di ab 10 Uhr | **Tipp** Als Spezialität des Hauses gilt neben Wachauer Tafelspitz der Heiliggeist-Stiftswein »Steinterrassen-Riesling«, von dem jährlich nur 1.000 Flaschen abgefüllt werden.

89_Zum Fliegenden Holländer

Niederländer Swan, Berliner Kindl

Die Sage vom Fliegenden Holländer, Vorlage für Richard Wagners Oper, erzählt von einem Verfluchten. Auf dem gefährlichen Seeweg um das Kap der Guten Hoffnung verhöhnt er die Götter, anstatt sie um Beistand zu bitten. Zur Strafe für den Frevel wird er dazu verdammt, bis zum Jüngsten Tag die Weltmeere zu durchpflügen. Ganz anders war das mit jenem Gerit Swan, der 1737 aus seiner niederländischen Heimat nach Potsdam zog. Weder kam er geflogen, noch sorgte er für Grausen. Im Gegenteil, der Zimmermann war wie seine Landsleute angeworben worden. Um Manpower für die aufblühende Garnisonsstadt zu gewinnen, stellte man den zukünftigen Hofhandwerkern diverse Privilegien in Aussicht. Außerdem baute man ihnen ein Nest, das sie an zu Hause erinnern sollte. Deshalb trägt das Holländische Viertel ein durchgehendes Backsteinkleid, und auch die Portaldekorationen und einzelne Fassadenelemente erinnern an niederländischen Baustil.

Gut 130 Jahre später, im Jahr 1869, zog im Haus an der Benkertstraße die erste Gaststätte ein. Das Holländische war mittlerweile zu einem Künstlerviertel mutiert und hatte über die Jahre viel von seiner einheitlichen Erscheinung verloren. Sein heutiges Aussehen verdankt das Lokal dem Gastwirt August Lips. Mit ihm begann 1907 die Zusammenarbeit mit der Berliner-Kindl-Brauerei, deren goldener Schriftzug samt Segelschiff unter holländischer Flagge seit dem Ende der DDR-Ära auch wieder den Eingang schmückt.

Wie es sich für anständige, im Viertel verankerte Gaststätten gehört, liegt hinter dem Eingang ein separater Trinkerbereich. Hier sitzt man am Tresen oder Hochtisch, mit Blick auf ein altes Klavier und den maritim wirkenden Thekenschrank. Und wer beim Bier Hunger bekommt, der bestellt sich – die Namen von Viertel und Kneipe verpflichten – einen Holländischen Käsesalat.

Adresse Benkertstraße 5, 14467 Potsdam-Nördliche Innenstadt, www.zum-fliegenden-hollaender.de | **ÖPNV** Bus 609, 639 bis Haltestelle Nauener Tor | **Öffnungszeiten** täglich ab 10 Uhr | **Tipp** Knapp zehn Minuten läuft man zum nächsten geografisch definierten Viertel: der Kolonie »Alexandrowka« (www.alexandrowka.de).

90_Brauhaus Lüdde

Fassbier von der Straße

In historischem Ambiente zu essen oder zu trinken, ist in Quedlinburg wahrlich kein Problem. Über 1.300 Fachwerkhäuser stehen hier, und nicht wenige davon werden gastronomisch genutzt. Das Brauhaus Lüdde allerdings sticht in mancherlei Hinsicht heraus: zum einen wegen der schieren Größe dieses Raums, die man hinter solch alten Fassaden nicht vermutet, und zum anderen wegen der angenehmen, gelungenen Synthese von Tradition und Moderne.

Eine erste Brauerei ist an dieser Stelle für das Jahr 1807 verzeichnet. 1876 dann übernahm Carl-Friedrich Lüdde die Braukessel. Wie sein Vorgänger spezialisierte auch er sich auf Braunbier, ein süßliches Gebräu mit recht niedrigem Alkoholgehalt. Der Vertrieb lief damals über die Straße. Bierkutscher beförderten große Holzfässer durch die Gassen, schlugen die Glocke und befüllten vor Ort die Krüge und Kannen der herbeiströmenden Kunden. Weil das Bier in dieser Phase noch unreif war, galt es, zur Hälfte Wasser hinzuzugeben und es dann einige Tage ruhen zu lassen. Wer zu unbeherrscht war und sofort probierte, dem drohten Durchfall und Blähungen. Volksmündliche Bier-Verballhornungen wie Pubarschknall oder Knuttenforz (eigentlich ein Ausdruck für »Lausejunge«) zeugen von dieser Malaise.

Der letzte Lüdde-Brauer, Georg, hatte sein Gewerbe zwar nach der Kriegsunterbrechung 1945 wiederaufgenommen, aber Privatbetriebe hatten es nicht leicht in der DDR. Die Brauerei schloss am 1. Oktober 1966, und dabei blieb es für das nächste Vierteljahrhundert. Wo man heute sitzt, lag früher der offene Hof des Anwesens. Daraus erklärt sich auch die Deckenhöhe von rund zehn Metern, die es erlaubte, eine luftige Galerie einzuziehen. Von allen Plätzen aus hat man freien Blick auf die beiden großen kupfernen Braukessel, die den Bierbetrieb in Quedlinburg 1992 wiederbelebten. Und was da in die Gläser fließt, kann man heutzutage auch bedenkenlos direkt trinken.

Adresse Blasiistraße 14, 06484 Quedlinburg, www.hotel-brauhaus-luedde.de | **ÖPNV** Bus A, B bis Haltestelle Neuer Weg | **Öffnungszeiten** täglich ab 11 Uhr | **Tipp** Wer sich für die bautechnischen Aspekte von Fachwerkhäusern interessiert, dem sei das hiesige Fachwerkmuseum empfohlen (www.quedlinburg.de).

91 Die Wurstkuchl

Fast Food seit über 800 Jahren

Wer je als Tourist in Regensburg weilte, der hat es getan: im Wurstkuchl einen Teller Bratwürste mit Kraut, süßem Senf und einem Humpen Helles bestellt, um vom Biergarten aus den Blick auf die berühmte Steinerne Brücke und den Donaustrudel zu genießen.

Ein erhabenes Panorama, durchaus. Historisch interessant jedoch wird ein Besuch dieses Ortes nicht zuletzt durch jenes kleine Häuschen im Rücken der Gäste. Wegen der nur schießschartengroßen Fensterchen will dort drinnen normalerweise niemand sitzen, und auch der Grillgeruch der Küche trübt hin und wieder den Genuss. Aber dieses Bruchsteingemäuer, das sich an die Flussseite der ehemaligen Stadtmauer duckt, hat es dennoch in sich. Denn wenn man so will, befindet man sich hier in der ältesten Wurstbude, im ersten Fast-Food-Restaurant Deutschlands. McWurstkuchl's, sozusagen.

Der trapezförmige Raum wird von dunklem Holz, Kupferpfannen und antik-vergilbten Fotos dominiert. Errichtet wurde das Gebäude 1135 als Baubüro der Steinernen Brücke. Als dieses »achte Weltwunder« nach elf Jahren vollendet war, zog hier die »Garküche auf dem Kranchen« ein – Kranchen steht für Kran, und dementsprechend verkehrten hier vor allem Bau- und Hafenarbeiter. Diese Jungs malochten hart, ihr Durst war so groß wie ihr Hunger. Auf die Teller kam im Kuchl über Jahrhunderte vor allem gesottenes Fleisch, also gekochter Schweinebauch. Die heute legendären Bratwürste hingegen wurden wahrscheinlich erst zu Anfang des 19. Jahrhunderts eingeführt, da streiten sich die Gastronomiehistoriker. Erwiesenermaßen übernahm 1806 der Garkoch Wolfgang Schricker das Lokal, und in der Hand seiner Nachkommen befindet es sich auch heute noch. Die historische Wurstkuchl wirbt damit, durchgehend und ohne Ruhetag geöffnet zu sein. Das stimmt allerdings nicht ganz, denn oberster Boss ist hier der Fluss, das heißt: Bei Hochwasser ist Schluss.

Adresse Thundorferstraße 3, 93047 Regensburg-Innenstadt, www.wurstkuchl.de | **ÖPNV** Bus 1, 2, 6 bis Haltestelle Thundorferstraße | **Öffnungszeiten** täglich 8–19 Uhr | **Tipp** Bratwürstel, Sauerkraut und der ganz hervorragende süße Senf können auch online über die Wurstkuchl-Website bestellt werden.

92__Zur Kogge

Im Windjammer-Himmel

Wer die Kogge betritt, nimmt einen anderen Gang an. Leicht schwankend, so, wie ein Kapitän über sein Schiff schreitet. Das hängt zum einen mit der Lage dieses Lokals zusammen, denn die Kogge findet man direkt am Rostocker Stadthafen. Aber auch die Form dieses Raumes erinnert an ein Schiff samt Oberdeck. Die Tische stecken wie Kojen in der Wand, und ganz hinten, wo man den Offizierstrakt vermuten würde, liegt der Tresen. Der ist mit seinen gut 150 Jahren das älteste Stück der Ausstattung, und ein bisschen fühlt man sich im Hafen angekommen, wenn man dort anlangt. Was die Kogge dann endgültig zum maritimen Museum macht, ist ihr Windjammer-Himmel. Denn von der Decke baumeln hier zahllose Segelschiffmodelle, detailgetreue Nachbauten einstiger Originale. Ergänzt wird die Sammlung durch Dutzende weitere Exponate der Seefahrerwelt – von Schiffsglocken und Rettungsringen bis zu getrocknetem Meeresgetier und ausgestopften Möwen.

Die Kogge war der bevorzugte Schiffstyp der Hansestädte. In Rostock war er so allgegenwärtig, dass bis heute auch die Stadionzeitung von Hansa Rostock nach ihm benannt ist. Aber die Gaststätte an der Wokrenter Straße trug in ihrer langen Geschichte auch andere Namen. Im ersten Rostocker Adressbuch von 1856 firmiert dieses Haus als »Stadt Hamburg«. 1880 wurde man HH untreu und benannte sich nach Kiel um. Und nach dem verheerenden Brand von 1904 stand der anschließende Wiederaufbau wohl unter religiösen Vorzeichen: »Luthers Restaurant« war geboren. Über »Strandhotel« und »Schifferhus« landeten die Wirte dann sogar beim lateinischen »Tusculum«, das gemäß der Übersetzung einen »Sorgenfreien Aufenthalt« versprach. Nach dem Zweiten Weltkrieg schließlich wurde der heutige Name »Zur Kogge« eingeführt. Und weil Seemänner als raue, trinkfreudige Gesellen gelten, findet man hier – zumindest auf dem Männerklo – auch noch einen echten Kotzkübel.

Adresse Wokrenter Straße 27, 18055 Rostock-Stadtmitte, www.zur-kogge.de | **ÖPNV** Bus 37 bis Haltestelle Fritz-Reuter-Straße | **Öffnungszeiten** Jan. – März Mo – Fr ab 16 Uhr, Sa ab 12 Uhr, April – Dez. täglich ab 11.30 Uhr | **Tipp** Mehr über die Geschichte der Rostocker Seefahrt erfährt man im Schiffbau- und Schifffahrtsmuseum (www.schifffahrtsmuseum-rostock.de).

93 Zur Höll

Von der Burggasse ins Mauerverlies

Die »Mittelalterliche Trinkstube Zur Höll« wirbt damit, im ältesten Haus von ganz Rothenburg zu residieren. Der hintere Teil des Gebäudes, so liest man, stamme gar aus der Zeit um 900. Aber auf ein paar Jahre mehr oder weniger kommt es in Rothenburg ohnehin nicht an, denn dieses fränkische Städtchen repräsentiert das deutsche Mittelalter wie sonst nur noch Quedlinburg in Sachsen-Anhalt. Die Höll ist normalerweise des Abends so überlaufen wie das übrige Rothenburg. Aber da sie ein wenig abseits des Marktplatztrubels liegt, kann man hier tagsüber ein paar angenehme Stunden verbringen.

Die Innenräume der Höll kommen ausgesprochen heterogen daher. Dort bewegt man sich keine drei Meter auf einer Ebene, ständig geht es hinauf und hinunter, und das, obwohl hier insgesamt nur rund 60 Menschen Platz finden. Rechte Winkel sind genauso Fehlanzeige wie gleichmäßige Lichtverhältnisse.

Angeblich verdankt die Höll ihren Namen der Dunkelheit des Sträßchens, hervorgerufen durch die eng beieinanderstehenden Klosterbauten. Die ganze Burggasse soll einst »Zur Höll« genannt worden sein. Aber höllen-höhlenartig wirkt auch dieses Lokal, dessen tiefster, anheimelndster Raum sogar beinahe völlig im Dunklen liegt. Dort unten sitzt man in einem Gewölbe aus grob begradigten Bruchsteinen. Flackerndes Kerzenlicht beleuchtet die spärliche Wanddekoration und Möblierung. Hingen hier Fledermäuse von der Decke, niemand würde sich wundern. Auf den ersten Blick ungewöhnlich wirkt auch der einzige Tisch des Gemäuers. Das seltsame Gebilde besteht aus zwei konisch aufeinander zulaufenden Planken, die an ihrem Ende in einem eisernen Spitzmaul münden. Man braucht schon zwei, drei Bier, um herauszufinden, dass man hier an einem gigantischen Blasebalg sitzt, der einst eine Schmiede befeuerte. Aber wer es sich einfach machen möchte, kann natürlich auch die freundlichen Kellnerinnen fragen.

Adresse Burggasse 8, 91541 Rothenburg, www.hoell.rothenburg.de | **ÖPNV** Stadtbus 851 bis Haltestelle Kirchplatz | **Öffnungszeiten** Mo–Sa ab 17 Uhr | **Tipp** Von der Höll sind es nur ein paar Meter zum in mancher Hinsicht ebenfalls »höllischen« Kriminalmuseum (www.kriminalmuseum-rothenburg.de).

94 Zum Adler

Espresso, Crêpes, Schnecken und Pastis

In Saarbrücken nennt man den »Adler« auch das »Stengelhaus« – nach seinem Architekten, dem Nassau-Saarbrückischen Generalbaudirektor Friedrich Joachim Stengel (1694–1787). Um 1750 im Rahmen einer Stadterneuerung entstanden, wurde der Adler von Beginn an auch gastronomisch genutzt. Kein anderes Lokal in Saarbrücken kann auf eine derart lange Historie verweisen. Noch original aus der Stengel-Zeit stammt der rechte Teil des großen Hauses, in dem auch heute die Gastronomie untergebracht ist. Bis Mitte des 19. Jahrhunderts erstreckte sich direkt nebenan der Friedhof am Donnelfeld. Seinerzeit wird der Adler wohl nicht zuletzt für Leichenschmäuse gebucht worden sein. Bald darauf jedoch entstand hier eine Dragonerkaserne mit Reitplatz. Aus dieser Zeit stammt auch die etwas martialische Adresse »Deutschherrnstraße«, die 1886 die alte Bezeichnung »Hahnenstraße« ersetzte. Damals führte zudem eine Lindenallee vom Zentrum hierhin, der Adler war den Städtern ein beliebtes Ausflugslokal.

Dank der seit 1999 regierenden französischen Wirtin bekommt man hier heutzutage nicht nur einen hervorragenden Espresso und mit Bedacht ausgewählte Weine, sondern auch kulinarisch dazu passende Crêpes, Schnecken und Froschschenkel. Der große Gastraum versprüht einen sehr welschen, auch sehr demokratischen Charme. Hier sitzt man luftig und doch unter Leuten, an Tischen mit karierten Deckchen und zwischen hübsch dekorierten Wänden. Zur Bildergalerie gehören auch einige alte Radierungen und Fotos, die die Geschichte des Hauses Revue passieren lassen. Unter Johann Christian Knipper begann man hier 1835, eigenes Bier zu brauen, eine Tradition, die bis ins Jahr 1924 fortgeführt wurde. Zeitweise unterhielten die Eigentümer sogar zusätzlich eine florierende Mineralwasserfabrik. Nun ja, Wasser und Bier bekommt man auch heute noch, aber zudem: diverse Sorten Pastis. Vive la France.

Adresse Deutschherrnstraße 2, 66117 Saarbrücken-Alt-Saarbrücken, www.adler-sb.de | **ÖPNV** Bus 123 bis Haltestelle Kepplerstraße, 124 bis Roonstraße | **Öffnungszeiten** täglich ab 18 Uhr | **Tipp** Von Friedrich Joachim Stengel stammt auch Saarbrückens berühmte Ludwigskirche am Ludwigsplatz.

95__Goldener Adler

Zwischen Brandmauer und St. Michael

Auf dem Marktplatz von Schwäbisch Hall liegen sich die ehemalige Bürger- und Ratstrinkstube direkt gegenüber. Letztere kommt natürlich etwas imposanter daher, fügt sich jedoch ebenso nahtlos wie der Nachbar in das hübsch-historische Ensemble dieses Karrees. Das in gastronomischer Hinsicht erste Haus am Platz liegt heutzutage direkt unterhalb der berühmten Freitreppe von St. Michael: Der Goldene Adler offeriert schwäbische Küche in eleganter Aufmachung.

Gäste werden hier schon seit dem 16. Jahrhundert betreut – die Stadtchronik erwähnt 1578 einen Hans Krauß, genannt der »Adlerwirt«. Seitdem hat dieses Lokal einige Renovierungen hinter sich gebracht. Während man jedoch andernorts des Restaurants neue Kleider gern dunkelgebeizt schneidern lässt, wirkt der Goldene Adler ausgesprochen lichtdurchflutet. Hier sitzt man nicht in rustikalem Eichenambiente, sondern an hellen, samtweichen Ahorntischen. Über dem Thekenbuffet schweben ausladende Schirmlampen, die eher an das Ritz als an Omas Stübchen erinnern. Und schräg darunter stellt der namensgebende Vogel seine Schwingen auf.

Während der Fachwerkaufbau aus der Zeit um 1500 stammt, reicht das Gebäude in seiner Substanz bis tief ins Mittelalter zurück. Im rückwärtigen Hoteltrakt steht mit dem früheren Gerichtshaus von 1315 sogar eines der ältesten Haller Häuser überhaupt. Auch beim verheerendsten Brand der Stadtgeschichte spielte der Adler eine entscheidende Rolle. Zwei Drittel der Altstadt wurden an jenem 31. August 1728 zerstört, insgesamt 294 Häuser, zwei Kirchen, das Rathaus und die Saline. Verschont wurden am Markt lediglich der Adler und die Häuser rechts neben ihm. Wer wissen will, wieso, muss den Kopf in den Nacken legen. Die massive Brandmauer aus der Stauferzeit (12./13. Jahrhundert), die den Übergriff der Flammen damals verhinderte, ragt noch heute aus dem Giebelbereich hervor.

Adresse Am Markt 11, 74523 Schwäbisch Hall, www.hotelgoldeneradler.de | **ÖPNV** Bus 4, 6 bis Haltestelle Salinenstraße | **Öffnungszeiten** täglich 12–14 und ab 18 Uhr | **Tipp** Auf der Freitreppe vor der Adler-Terrasse finden stets im Sommer die beliebten Freilichtspiele Schwäbisch Hall statt (www.freilichtspiele-hall.de).

96 Weinhaus Wöhler

Schoppen in der Schelfstadt

Direkt mit dem Eintritt gelangt man in die Urzelle des Wöhler, einen quadratischen, komplett mit Wandmalereien geschmückten Raum. Dass man diese einst unter mehreren Schichten Tapete verborgenen Schätze heute betrachten kann, verdankt sich der umfassenden Sanierung des Hauses nach der Wiedervereinigung. Seit der Verstaatlichung 1959 hatte das Lokal zu DDR-Zeiten als HO-Betrieb »Weinklause« fungiert. Obwohl bei den Schwerinern ausgesprochen beliebt, kam es in jenen Jahren immer mehr auf den Hund. 1983 folgte die Schließung wegen akuter Einsturzgefahr des Gebäudes.

Es wäre ausgesprochen schade gewesen um diesen historischen Ort. Ein erstes doppelgeschossiges Fachwerkhaus stand hier bereits um die Mitte des 18. Jahrhunderts. Damals bildete es den Anfang der »Schelfstadt«, einem Schweriner Neubauviertel auf der »flachen Insel«. 1819 dann wurde die Weinhandlung Wöhler gegründet, die dem Betrieb in der Folgezeit ihren Stempel aufdrückte. Kurz vor der Wende zum 20. Jahrhundert mutierte sie vom reinen Außerhausverkauf zu jenem Gasthaus, das man heute kennt. Die Wöhlers wurden 1908 Hoflieferant des niederländischen Königshauses und sechs Jahre später auch der »Kaiserlichen Hoheit des Kronprinzen des deutschen Reiches und von Preußen«.

Die Weine, die man heutzutage hier trinkt, stammen aus aller Welt. Früher hingegen war man global und logistisch noch nicht ganz so weit und bezog seinen Rebensaft deshalb vornehmlich aus deutschen Landen. Nicht umsonst also frönen die erwähnten Wandbilder einer idyllischen Rheinromantik, die man hier im Ostseeraum zunächst nicht vermuten würde. Jenseits der geografischen Orientierung jedoch geht es beim Trinken bekanntlich um den Genuss, ganz im Sinne jenes Wöhlerschen Wandspruchs, der da reimt: »Die Weise guter Zecher ist / In früh und später Stunde / Daß alter Wein im Becher ist / Und neuer Witz im Munde.«

Adresse Puschkinstraße 26, 19055 Schwerin-Schelfstadt, www.weinhaus-woehler.de | **ÖPNV** Bus 11 bis Haltestelle Friedrichstraße | **Öffnungszeiten** täglich ab 11 Uhr | **Tipp** Die Weinhandlung liegt direkt nebenan (geöffnet täglich 10–22 Uhr).

97 Herberge zum Löwen

Kapaune seit 1231

Betrachtet man dieses Fachwerkhaus von der Straße aus, beginnt man irgendwann an seinen Augen zu zweifeln: Steht das Gebäude nun wirklich so schief, oder schiele ich? – Am besten beantwortet man sich die Frage bei einem kühlen Bier in der Gaststube, denn die ist ausgesprochen hübsch. Die Herberge zum Löwen gehört zu jenen raren Lokalen, denen die Zeitenwechsel nichts anhaben konnten. Von den Dielen über die mit Paneelen verkleideten Wände bis zur Kassettendecke ist hier alles mit Holz ausgeschlagen. Die lange Fensterfront zum Schönberg hin streut honigfarbenes Licht in die Stube, das sich auf das Harmonischste mit dem Mattgelb des Gerstensafts mischt. Vitrinen, Wandschmuck und Möblierung ergänzen das Ambiente stilsicher.

Wie einige andere deutsche Gaststätten beansprucht auch der Seelbacher Löwe für sich, die älteste überhaupt zu sein. Fest steht, dass hier seit 1231 der Gastronomie gefrönt wird und aus dieser Zeit sogar noch einige Originalteile erhalten sind. Der Ausdruck »Herberge« trifft ins Schwarze, denn der Löwe war von Beginn an auch als Übernachtungsstätte geplant. Oben auf der Spitze des Schönbergs wurde nämlich im 13. Jahrhundert die Burg Hohengeroldseck gebaut. Und unten im Löwen nächtigten jene Steinmetze, Maurer und Zimmerleute, die sie errichteten. Als Georg und Heinrich von Geroldseck 1370 ihre Reviere aufteilten, legten sie notariell fest, dass die Herberge weiterhin gemeinsamer Besitz bleiben solle. Und auch »die Kappeunen davon sollen wir teilen«. Eine Kopie dieser Urkunde hängt in der Gaststube.

Damals wie heute benötigt man für den Spaziergang zu dieser imposanten Ruine rund eine Dreiviertelstunde – viel für einen Arbeiter, dem eine lange, harte Schicht bevorstand. Der Wanderer von heute jedoch schleppt oder schlägt dort oben keine Steine mehr. Und falls er trotzdem Durst bekommen hat: Der Löwe wartet auf ihn.

Adresse Ludwigstraße 1, 77960 Seelbach-Schönberg, http://gasthaus-loewen.jimdo.com | ÖPNV Von April bis Oktober verkehrt an Sonn- und Feiertagen von Lahr und Biberach aus ein Freizeitbus auf der »Schönberglinie«. | Öffnungszeiten Fr–So ab 11 Uhr | Tipp Sehr schön sitzt es sich auch im kastanienüberwachsenen Biergarten.

98 Der Röhrl

365 Jahre, 11 Generationen

Im Guinnessbuch der Rekorde steht viel unnützes Zeug. Aber was der Röhrl in Eilsbrunn hier einbringt, kann sich sehen lassen: Die Gaststätte im Westen von Regensburg gilt nachweislich als die älteste ununterbrochen betriebene der Welt.

Wer einmal hier war, glaubt das sofort – nicht nur wegen des gold gerahmten Guinness-World-Record-Certificate in der Gaststube. Am besten begibt man sich mit seinem Bier – Röhrl-Bräu übrigens, hier bleibt alles in der Familie – direkt nach oben. Denn der komplette erste Stock dient inzwischen als Landhausmuseum. Übernachten kann man dort auch, nur nicht ganz so modern wie es der Städter gewohnt sein mag. Denn die Zimmer wurden mit historischen Möbeln im Stil der Zeit von 1900 bis etwa 1960 ausgestattet. Urkunden, Fotos und ein filigran gezeichneter Stammbaum führen die Anfänge dieser oberpfälzischen Wirtsfamilie zurück bis ins Jahr 1658, als ein Andreas Röhrl hier einheiratete. Am Flaschenzug draußen über dem Eingang verweist die Jahreszahl MDCLXV (also 1665) auf einen ersten umfassenden Umbau des neuen Hausherrn. Vermutlich hatte er seinerzeit einigen Schaden zu beheben, war doch Eilsbrunn im Dreißigjährigen Krieg völlig zerstört worden.

Elf Generationen später, unter der Führung von Muk und Karin Röhrl, präsentiert sich das Haus noch immer in hervorragender Verfassung. Wie eh und je sitzen die Stammgäste in der Gaststube an naturbelassenen Ahorntischen, die traditionell lediglich mit Kernseife und Wurzelbürste gepflegt werden. Was hier serviert wird, garte zuvor auf einem holzbetriebenen Wamsler-Herd von 1928. Und wie damals pilgern auch heute die Regensburger an den Wochenenden ins zwölf Kilometer westlich gelegene Eilsbrunn, um im großen Biergarten des Wirtshauses zu rasten. Hier sitzt man schattig unter alten Kastanien, und direkt gegenüber liegt, wie könnte es in Bayern anders sein, die Kirche.

Adresse Regensburger Straße 3, 93161 Sinzing-Eilsbrunn, www.gaststaette-roehrl.de | **ÖPNV** von Regensburg aus Bus 27 bis Haltestelle Eilsbrunn/Regensburger Straße | **Öffnungszeiten** Mai–Sept. Mo, Mi–Fr ab 17 Uhr, Sa und So ab 11 Uhr; Okt.–April Mo und Fr ab 17 Uhr, Sa und So ab 11 Uhr | **Tipp** Der Spaziergang Regensburg-Eilsbrunn lohnt sich natürlich auch umgekehrt.

99 Gasthof zum Schwan

Vater, Sohn und Heiliger Geist

Um 1700 erbaut wurde das massive Eckhaus vom örtlichen Bürger und Ratsherrn Hans Barthel Ulrich. Verschiedene Details der barocken Vorgeschichte des Schwan haben sich erhalten, so etwa die Portalanlage aus buntem Sandstein mit dem eingearbeiteten Ensemble aus Gottvater, Heiliggeisttaube und Heiliger Familie. Wer darunter durchgeht, ist wohlbehütet, soll das wohl heißen. Vielleicht haben sich eben deshalb die unterfränkischen Aufständischen gegen Bayernkönig Ludwig I. hier 1832 klandestin getroffen. Der Wein, den sie beim Pläneschmieden tranken, stammte damals wie auch heute noch aus hauseigenem Anbau. Mit den Hängen am Katzenkopf verfügt Sommerach über eine weithin bekannte Lage.

Schon so mancher Wirt kam zu ein bisschen Geld und wusste nichts Besseres damit anzufangen, als seine Wirtschaft zu verschandeln. Was über Jahrhunderte gewachsen war, flog auf den Sperrmüll und wurde durch vermeintlich moderne, tatsächlich gesichtslose 08/15-Möbel ersetzt. Im Schwan war das Gott sei Dank ganz anders. Denn als dessen Wirt Ende der 1990er auf den Hund gekommen war, sprang das bayrische Landesamt für Denkmalpflege ein. Die Restaurierung zielte auf den Beibehalt des Ist-Zustandes, und das meinte hier: ein Landgasthof der vorletzten Jahrhundertwende.

Die hübschen Wandmalereien in der Gaststube stammen von 1951 und zeigen ländliche Szenen aus dem alten Sommerach. Schon der verschnörkelt-geschwungene Schriftzug auf der Fassade weist jedoch auf die Zeit der Neogotik um 1900 hin. In jenen Tagen wurde das gesamte Haus zum letzten Mal ausgebaut, unter anderem entstand damals der spektakuläre Tanzsaal mit seiner an ein Weinfass erinnernden, elliptischen Holztonnendecke. Ebenfalls sehr einladend: die umlaufenden Bänke, rustikalen Stühle und rohen Tische der Schänke. Dort sitzt man gern und sicher, nicht nur als Revolutionär.

Adresse Hauptstraße 10, 97334 Sommerach, www.schwan-sommerach.de | **ÖPNV** von Kitzingen aus Bus 8110 bis Haltestelle Sommerach/Nordheimer Straße | **Öffnungszeiten** Do ab 17, Fr–Di ab 11 Uhr | **Tipp** Der Schwan verleiht auch Fahrräder für den Main-Radwanderweg (www.mainradweg.com).

100 Zum Löwen

Im Labor des Dr. Faustus

Im Zimmer Nummer 5 des Gasthauses Zum Löwen nächtigt man unter einem rustikalen Fichtenholzbaldachin. Dass es sich hier nicht um ein x-beliebiges Nachtasyl handelt, belegt zudem ein Blick in die seltsame Vitrine rechts vom Fenster. Allerlei altertümliche Gläschen und Kanülen deuten auf ein Chemielabor hin, und genau darum handelt es sich auch. Denn in diesem Raum soll ein Mann sein Ende gefunden haben, der zur Hauptfigur des berühmtesten deutschen Theaterstücks wurde: Johann Georg Faust.

Staufen ist eine hübsch restaurierte Ortschaft im Breisgau, deren erste Erwähnung auf das Jahr 770 zurückgeht. Das »Gasthaus Zum Leuen« findet sich auf einer Pfändungsurkunde von 1407 verzeichnet und gilt damit als eines der ältesten überhaupt in Deutschland. 73 Jahre später wird jener wandernde Wundheiler und Alchemist geboren, dem Goethe und viele andere Künstler ein Denkmal setzen sollten. Sein wahres Leben wurde unter all diesen Phantasiewerken beinahe vergraben, aber so viel scheint gewiss: Faust starb um 1540 herum eines furchtbaren Todes, und zwar im Löwen. Zeitlebens soll er versucht haben, auf chemischem Wege Gold herzustellen, bis er bei einer Explosion ums Leben kam. Seine Leiche, so heißt es, sah »grässlich deformiert« aus, wahrscheinlich habe der Teufel seine Hand im Spiel gehabt.

All das ist mittlerweile ein paar Jährchen her, aber die Erinnerung an den unheimlichen Gast wird im Löwen natürlich wachgehalten. Auf der Fassade prangt ein großformatiger Auszug aus der »Zimmerischen Chronik« von 1564, die sich mit Fausts Ableben befasst. Und in der rückwärtigen »Faustst ube« schmücken gruselig-expressive Malereien die Wände. Jenseits dessen lässt sich im Löwen stilvoll badisch tafeln und trinken. Eine gewisse Obacht ist dabei dennoch geboten, schließlich wissen wir alle: Der Teufel hat den Schnaps gemacht.

Adresse Rathausgasse 8, 79219 Staufen im Breisgau, www.fauststube-im-loewen.de | **ÖPNV** von Freiburg aus Bus 7240 bis Bad Krozingen, dann Bus 113 bis Staufen | **Öffnungszeiten** Mo–Fr ab 7.30 Uhr, Sa und So ab 8 Uhr | **Tipp** Staufen lernt man unter anderem auf der Mephisto-Tour kennen (www.muenstertal-staufen.de).

101 Zur grünen Laterne

»Niemands Gesell bleib fern dieser Schwell«

Das Haus in der Hallstraße wurde um 1790 errichtet. Von Beginn an nutzten seine Bewohner es auch gastronomisch, seit 1829 ist es in den Amtsbüchern als ordentliche Gaststätte registriert. Eigentlich sagt man, dass in der Kneipe »alle gleich« seien. Dass jedoch auch in solch geerdeten Lokalitäten manche Menschen etwas »gleicher« sein können, beweist ein Besuch der Grünen Laterne. Dort nämlich liest man über der Eingangstür einen verklausulierten, etwas unbeholfen wirkenden Spruch von 1907, der das öffentliche Lokal zu einem elitären Etablissement umwidmete: »Niemands Gesell bleib fern dieser Schwell/ Allemann's Freund sind hier nicht vereint.« Sprich: Hast du nichts gelernt und gehörst du nicht zu uns, dann bleib weg.

Der Ursprung dieser recht rüden Ausgrenzung liegt im Dünkel der früheren Handwerksmeister. Ab der ersten Hälfte des 19. Jahrhunderts trafen sich in der Grünen Laterne die Vertreter der Zünfte, um ihre Rechte und Geschäfte zu fördern. Rund um den ganzen Raum laufen ihre Zunftzeichen, angebracht in Form von geschnitzten und bemalten Holzquadern.

Vom einstigen Snobismus ist man heute weit entfernt. Auf der Speisekarte stehen deftige altmärkische Speisen, und zum Bier empfiehlt sich die Schmalzstulle mit saurer Gurke, eventuell gekrönt durch ein Solei. Aufs Bodenständige rekurriert auch das Wappen des Hauses: Wurst und Rübe, die Zutaten der Kohlrübensuppe, sowie ein frisch gefüllter Bierhumpen stehen für die menschlichen Grundbedürfnisse, die hier befriedigt werden. Mit der letzten Renovierung wurde auch das Interieur herausgeputzt. Unter der original erhaltenen Decke sitzt der Gast in gründerzeitlichem Ambiente, das dem Lokal eine gemütliche Wohnzimmeratmosphäre beschert. Durch die mit Tanz- und Zecherszenen bemalten bleigefassten Scheiben dringt gedämpftes Licht. Und draußen die Straße beleuchtet geisterhaft die absinthgrüne Laterne.

Adresse Hallstraße 73, 39576 Stendal, www.zur-gruenen-laterne.de | **ÖPNV** Bus 901, 902, 903 bis Haltestelle Altstadt | **Öffnungszeiten** täglich 11.30–14 und ab 18 Uhr | **Tipp** Mehr zur regionalen Kultur und Geschichte erfährt man im Altmärkischen Museum der Stadt (www.stendal.de).

102 Zur Fähre

Bewahren ist schöner als Erneuern

Auf der Fährstraße gelangt man vom Alten Markt zum Hafen der Hansestadt. Als im 13. Jahrhundert die Stralsunder Stadtmauer errichtet wurde, lag hier das Fährtor. Gänzlich verschwunden ist jene trotz Abriss noch immer nicht. Denn als in der Schifferkneipe Zur Fähre einst der Putz abfiel, lag dort plötzlich eine Überraschung frei: Das Haus Nummer 17 war direkt an die Umwallung gebaut worden, teilte sich also mit dieser eine Wand. Eine erste Erwähnung der »Fähre« geht auf das Jahr 1332 zurück. Der »taverne apud passagium« (»Taverne nahe dem Tor«) wurde in einer Urkunde das Schankrecht eingeräumt.

Das kleine, heute in einem frischen Gelb gestrichene Häuschen lag zwar weitgehend ungeschützt zum Wasser hin, verfügte jedoch über einen lukrativen Standortvorteil gegenüber den Gasthäusern innerhalb der Stadtmauern: Weil das Fährtor wie alle anderen abends schloss, diente die Fähre als Sammelstelle der Zu-spät- beziehungsweise Spät-genug-Gekommenen. Das sicherlich hartgesottene Publikum konnte dem Lokal in der Folge genauso wenig anhaben wie die Zeitläufte. Die Fähre überlebte mehrere Stadtbrände, feindliche Beschießungen und über 80 Hochwasser. Abgeschottet als reine Stammkundenkneipe überstand sie dann sogar die DDR.

Ein großes Glück, sagt sich der heutige Biertrinker, denn solch ein Lokal findet man nicht allzu häufig. Kaum eingetreten, steuert man schon auf ein Polsterbänkchen aus dem Jahr 1926 zu. In einer anderen Kneipe ausrangiert, fand es bei Wirtin Hanni ein neues Zuhause. Auch das übrige Inventar verdankt sich dem Motto »Bewahren ist schöner als Erneuern«. Sei es das Segel unter der Decke, das Netz an der Wand, die Schiffsglocke oder der Rettungsring: Hier ist nichts retro, vintage oder sonst wie auf alt getrimmt, sondern alles original. Ein zeitloser Raum zum Vergessen der Zeit, unterstützt vom hauseigenen – kalt, aber nicht zu kalt servierten – Kümmelschnaps.

Adresse Fährstraße 17, 18439 Stralsund-Altstadt, www.zurfaehre-kneipe.de | ÖPNV Bus 6, 7 bis Haltestelle Hafen | Öffnungszeiten täglich ab 18 Uhr | Tipp Dass es hier einst wohl etwas derber zuging, verrät ein Blick in das 3-D-Modell des Hauses, Fenster rechts oben.

103_ Zur Kiste

Päb das Viertele schlotzen

Auf einer Zeichnung an der Rückwand wird der »Ausflug des Kistenklubs von Adelberg nach Schorndorf am 7. Aug. 1904« festgehalten: Ein Haufen Jungs mit wehenden Schnäuzern, breitkrempigen Hüten und bunten Handtrommeln jagt auf einem Heuwagen halsbrecherisch durch die Heide. Dass es auf diesem Trip feuchtfröhlich zugeht, ist klar, und ebenso, dass er in der Stammkneipe ausklingen wird. Zumal es sich bei der Kiste um ein echtes Schmuckstück handelt, das man in jedem Zustand gern ansteuert.

Unter einer niedrigen holzvertäfelten Decke steht ein alter Thekenschrank, dessen quadratische Schubladen an historische Apotheken erinnern. Belebende Flüssigkeiten werden hier, in der ältesten Weinstube Stuttgarts, seit jeher ausgeschenkt. Die abgeschubberten Lehnen der Stühle und Bänke erzählen von so manchem ausgedehnten Abend. Der beliebteste Tisch des Lokals steht an der rückwärtigen Wand im Parterre, sitzt man dort doch direkt zwischen der Theke und dem grünen Kachelofen.

Die Kiste liegt am Rand des lebhaften Bohnenviertels in einem schmalen Häuschen aus dem 17. Jahrhundert. Hier wohnte vor zwei Jahrhunderten auch der Leibkutscher König Karls, ein Herr Ringwald, samt Frau und sieben Kindern. Weil er hervorragend kutschierte und mehr Lohn verlangte, soll ihm der Regent dieses Häuschen und eine Schanklizenz überschrieben haben. Seitdem sitzen hier Studenten und Professoren, Politiker und Künstler »päb« (schwäbisch »eng«, »gemütlich«) beieinander und schlotzen ihr Viertele. Traditionell geht es auch beim Essen zu, das zwischen Maultaschen, Fleischküchle und Rostbraten oszilliert. Interessante Einrichtungsdetails: die farblich kaum bestimmbare Flurtapete aus lackiertem Papier; die extrem enge Notausstiegsluke, die vom zweiten Stock ins Nachbartreppenhaus führt; und jener kleine, handbetriebene Lastenaufzug, der Gerichte von der Küche hinunter an die Theke befördert.

Adresse Kanalstraße 2, 70182 Stuttgart-Mitte, www.zur-kiste.de | **ÖPNV** U4, U5, U6, U7 bis Haltestelle Charlottenplatz | **Öffnungszeiten** Mo – Fr ab 17 Uhr, Sa ab 11.30 Uhr | **Tipp** Bei gutem Wetter ist der Biergarten geöffnet.

104 Zur Glocke

»Der Bürger Wohl ist Höchstes mir«

Trier ist die älteste Stadt Deutschlands, gegründet um 16 vor Christus als Augusta Treverorum. Noch heute zeugen die Ruinen der Thermen und des Amphitheaters sowie die mächtige Porta Nigra vom Erbe der Römer. Die älteste Gastwirtschaft der Moselstadt ist zwar nicht gerade antiken Ursprungs, steht aber immerhin auf sehr alten Mauern. Das Vorderhaus wurde 1567 auf dem Gewölbe eines romanischen Kellers aus dem 12. Jahrhundert errichtet. Der über zwei Stockwerke reichende Fachwerkerker stammt hingegen aus dem 17. Jahrhundert. »Ich steh nicht nur der Stadt zur Zier, der Bürger Wohl ist Höchstes mir«, heißt es über dem Eingang. Dem Wohl vieler Bürger diente das Untergeschoss auch im Zweiten Weltkrieg, als sie hier einen Unterschlupf vor dem Bombenhagel fanden.

Fast 90 Jahre lang, von 1928 bis 2011, war die Glocke im Besitz der Trierer Familie Berens. Besonders beliebt: der bis 2003 hinterm Tresen regierende »Glocken-Jupp«, ein Trierer Original, das man nie ohne seine Gauloise im Mundwinkel antraf. Zwar bekommt man hier seit seinem Hinscheiden auch vegetarische Gerichte, aber Tradition steht auch nach der behutsamen Renovierung noch auf der Agenda. Unter der offenen Balkendecke sitzt man auf hölzernen Bänken mit durchgehenden, hohen Lehnen. Die beiden zentralen Tische wirken dadurch wie kleine, palisadenbefestigte Inseln.

Seit dem Jahr 1803 wird dieses Gebäude gastronomisch genutzt, und wer sich mit der Trierer Geschichte auskennt, hat eine Vermutung, wie der Name »Glocke« entstand. 1802 nämlich kam es auf Befehl der französischen Besatzer auch im Moselraum zur Aufhebung von Klöstern und Stiften. In Trier standen im März 1803 sechs Glocken zum Verkauf, und das hätte natürlich für einen Wirt Anlass genug sein können, seine neu eröffnete Kneipe danach zu benennen. Stimmt aber nicht. Denn »Zur Glocke« heißt der Laden erst seit 1906, vorher ging man »Zur Wilden Gans«.

Adresse Glockenstraße 12, 54290 Trier-Innenstadt, www.glocke-trier.de | **ÖPNV** Bus SWT 12 bis Haltestelle Porta Nigra, Bus SWT 3 | **Öffnungszeiten** täglich ab 11.30 Uhr | **Tipp** Der Trierer Dom, zu dessen Kurie das Haus nach seiner Erbauung gehörte, liegt 100 Meter weiter südlich.

105 Das Mayerhöfle

Wo sich Gôgen und Gelehrte Guten Tag sagen

Früher bildeten – nicht nur in Tübingen – der Winzer und der Bäcker eine heilige Allianz. Das Mahl aus Wein und Brot kennt man bereits aus der Bibel, und auch im schwäbischen Mayerhöfle gab's vorn die flüssige, hinten die feste Nahrung. Die Zeit der kombinierten Wein-Back-Stube endete erst 1954, als die Teigwaren endgültig aufgegeben wurden. Trinken jedoch kann man hier bis heute, wenn auch nur zu sehr limitierten Öffnungszeiten. Inge Schettler, Nachfahrin jener Mayers, die hier seit 1891 das Zepter führen, bewirtet das Lokal nur an ausgewählten Tagen.

Möglicherweise ist es dem sparsamen Gebrauch des Schankraums zu verdanken, dass das Inventar inzwischen einen beinahe musealen Charme entfaltet. Die Zeit ist hier in ebenjenem Jahr 1954 stehengeblieben, als Ernst und Ruth Mayer, Eltern der heutigen Besitzerin, das Lokal letztmalig renovierten. Sympathisch ist der recht dezente Einsatz von historischen Dokumenten. Natürlich findet man an den Wänden ein paar Urkunden aus alter Zeit. Aber das Mayerhöfle wirkt nicht vollgestopft mit derartigen Zeugnissen.

Gerade einmal drei Tische passen in den kleinen Schankraum, und dementsprechend intim ist auch die Atmosphäre hinter den bleigefassten Fenstergläsern. Wer einmal Platz genommen hat, lässt den lieben Gott gern für ein paar Stunden einen guten Mann sein. Man sagt, ungefähr auf Höhe des Mayerhöfle trenne sich die Tübinger Ober- von der Unterstadt, sodass hier einst die »Gôgen« von unten in geselliger Runde mit den »Gelehrten« von oben saßen. Dass zwischen diesen beiden Gesellschaftsschichten jenseits der Schänken Spannungen herrschten, belegen Witze wie jener vom Gelehrten, der in der Bäckerei ein steinhartes Brötchen zurückweist und stattdessen eines »von heute« verlangt. »Da müssen sie morgen wiederkommen«, bescheidet ihn der Bäcker. »Oder zum Abregen auf ein Gläschen ins Mayerhöfle gehen«, möchte man hinzufügen.

Adresse Haaggasse 8, 72070 Tübingen-Innenstadt, www.mayerhoefle.de | **ÖPNV** Bus 5, 8, 13 bis Haltestelle Neckarbrücke | **Öffnungszeiten** nur an ausgewählten Tagen, siehe Homepage | **Tipp** Die in Tübingen geborene Wirtin fungiert zugleich als versierte Stadtführerin (Kontakt über Homepage).

106 Zunfthaus der Schiffleute

Molfenter, Hägele, Käßbohrer und Hailbronner

Wer hier einkehrt, sollte etwas über Fischerzillen wissen. Warum? Nun, bei der »Zille« handelt es sich um einen im Donauraum verbreiteten Bootstyp, der sich durch einen spitz zulaufenden Rumpf, einen flachen Boden und geringen Tiefgang auszeichnet. Eigentlich als Fischer- und Frachtboot konzipiert, nutzten es im 19. Jahrhundert auch zahllose Armutsauswanderer, um über die Donau in osteuropäische Länder zu gelangen. Die zumeist rund zehn Meter langen und drei Meter breiten Boote waren etwa anderthalb Meter hoch. Im Winter wurden sie im Zunfthaus der Schifferleute eingelagert und gewartet, und damit hängt auch die beeindruckende Deckenhöhe von vier Metern zusammen.

Das massive Fachwerkgebäude wurde im 15. Jahrhundert an der tiefsten Stelle des Viertels »unter den Fischern« errichtet. Damals wohnte man hier direkt am Gumpen, einem kleinen Hafen, der noch innerhalb der mittelalterlichen Stadtmauer lag. Während man vom großen Fluss inzwischen ein wenig abgerückt ist, fließt der kleine, die Blau, noch immer direkt hinter dem Haus. Dort wurden bis ins 20. Jahrhundert hinein in gemauerten oder auch hölzernen Becken (den sogenannten Kaltern) jene Fische frisch gehalten, die später auf dem Ulmer Markt veräußert werden sollten.

Heutzutage wird das Flussgetier direkt vor Ort zubereitet, aber so läuft das erst seit dem großen Renovier-Umbau von 1977. Traditionell hatte das Zunfthaus den Mitgliedern als Treffpunkt wie auch zum Wohnen gedient. Sippennamen wie Molfenter, Hägele, Käßbohrer oder Hailbronner sind den Ulmern noch heute ein Begriff. Wie deren alte Fischerzillen aussahen, erschließt sich durch das Modell am gegenüberliegenden »Schönen Haus« des Fischerviertels. Und wer darüber hinaus wissen möchte, was es mit der Ulm-Belgrad-Connection auf sich hat, bekommt die Erklärung mit dem direkt darüber angebrachten Wandgemälde.

Adresse Fischergasse 31, 89073 Ulm-Mitte, www.zunfthaus-ulm.de | **ÖPNV** Bus 5, 6, 71, 84 bis Haltestelle Steinerne Brücke | **Öffnungszeiten** täglich ab 11 Uhr | **Tipp** Schräg gegenüber gelangt man durchs alte Stadttor direkt zum Fluss der Fischerzillen, ans schöne Ufer der Donau.

107 Zum Schwarzen Bären

»Tut Geld in euren Beutel«

»Goethe war hier«, mit diesem Spruch wirbt in Weimar praktisch jeder. Und manch einer schreibt dann ganz klein »nie« dahinter und freut sich über den gelungenen Gag. Ob Deutschlands bekanntester Dichter auch im Schwarzen Bären verkehrte, weiß man nicht. Belegt sind jedoch seine Besuche gleich nebenan, im Elephant. Heute ein Luxushotel, diente es früher als Wirtshaus, in dem sich der Weimarer (Geistes-)Adel um Wieland, Herder, Schiller und Co. zum Speisen und Diskutieren traf. Seine Entstehungsgeschichte ist auf das Engste mit dem Schwarzen Bären verbunden. Denn schließlich war es der Bärenwirt Andreas Barttig, der den Elephanten 1696 eröffnete.

Den Schwarzen Bären gab es zu diesem Zeitpunkt bereits 156 Jahre, und er kann so manches erzählen. Vor allem der Dreißigjährige Krieg hatte den wechselnden Wirtsleuten arg zugesetzt. Das Haus diente durchziehenden Truppen als Quartier, und solche Gesellen tun niemandem gut. 1638 etwa beherbergte der Schwarze Bär die Offiziere und Fuhrleute der schwedischen Königin. Den erlittenen Schaden linderte der Weimarer Herzog 1645 mit einer einmaligen Zahlung von 1.100 Talern.

Gefährlicher als die Krieger des 17. Jahrhunderts waren die mauen Kassen des DDR-Staates für den Bären. Nach 1945 verfiel das Gebäude zusehends, die markante Renaissance-Fassade war nur noch ein Abglanz früherer Tage. Erst mit der Wiedervereinigung der beiden Deutschlands sah der Schwarze Bär besseren Zeiten entgegen. Auf die Komplettsanierung von 1998 folgte ein Jahr später die Wiedereröffnung der Traditionsgaststätte. Wer das Haus am Markt heute entert, spürt nicht mehr viel von diesen alten Geschichten. Einmal eingetreten, geben allenfalls ein paar Kachelöfen Zeugnis von früheren Zeiten. Aber wer suchet, der findet immerhin jenen Balken, dessen Inschrift ein bisschen verspätet besagt: »Brüder tut Geld in euren Beutel«.

Adresse Markt 20, 99423 Weimar-Altstadt, www.schwarzer-baer.de | **ÖPNV** Der Marktplatz liegt zentral in der Weimarer Fußgängerzone. | **Öffnungszeiten** täglich ab 11 Uhr | **Tipp** Ebenfalls sehenswert am Markt: die Alte Hofapotheke, das Cranach- und das Rathaus.

108 Der Eimer

Alles andere als »beschissen«

Früher einmal roch es hier nach Blut. Da hieß die Wagemannstraße noch Metzgergasse und beherbergte vor allem Menschen dieser Profession. Ihren heutigen Namen erhielt sie erst 1923 nach Jean-Baptiste Wagemann (1829–1922). Der Bäcker betrieb hier am Schwarzbach eine Mühle und lieferte sein Brot an die umliegenden Geschäfte aus. Die Straßenwidmung geht jedoch wohl eher auf sein Engagement im Stadtrat zurück.

Auch im Eimer mussten früher Schweine ihr Leben lassen, bevor die Gastronomie einzog und es plötzlich um einen ganz anderen roten Saft ging. »Binger Wein-Schenke« lautete der offizielle Name. Aber schon am Eröffnungstag, so besagt die Legende, wurde die Bezeichnung »Eimer« geboren. Angeblich waren zwar die Flaschen abgefüllt, aber die Toiletten noch nicht fertig. Wirt Peter Külzer habe kurzerhand einen Notdurft-Eimer in den Hof gestellt, und deshalb kursiert auch bis heute der Zusatz »beschissener« im Volksmund. Statt des Sanitärbereichs interessiert im Eimer inzwischen allerdings viel mehr das Klavier. Schon Jazz-Legende Paul Kuhn soll hier 1945 als Schüler seine ersten Gehversuche am Piano gemacht haben. Und bis heute wird im Schankraum häufig musiziert, nicht selten auch ganz spontan von Gästen für Gäste. Wer einen solchen Abend erleben will, sollte allerdings zeitig aufkreuzen. Unter der geduckten, mit unglaublichem Nippes behangenen Decke finden nur ein paar kleine Tischchen Platz. Hinter dem Klavier stehen dann noch sechs Barhocker, zwei davon an der winzigen Theke.

Als es 1884 losging mit dem Eimer, frönte man noch ausschließlich dem Weine. Dies blieb dann ganze 104 Jahre so, und erst seit dem Ende der Ära Gottfried Pfeiffer (Vater und Sohn, 1954–1988) wird hier auch Bier ausgeschenkt. Eines jedoch gibt es immer noch nicht, und das kratzt ein wenig an der schrägen Namenslegende: einen Hof.

Adresse Wagemannstraße 9, 65183 Wiesbaden, www.der-eimer.de | **ÖPNV** Bus 4, 14, 27 bis Haltestelle Dern'sches Gelände | **Öffnungszeiten** Mo–Sa ab 19 Uhr | **Tipp** Um beim Wein zu bleiben: Auf dem Neroberg, Wiesbadens Hausberg und beliebtes Ausflugsziel, wächst der städtische Riesling.

109_ Alter Schwede

Backsteingotik an der Ostsee

Rechts eine Kneipe, links der Friseur: So sah es hier zu DDR-Zeiten aus. Der Alte Schwede war ein HO-Laden (HO = Handelsorganisation, also ein staatlich-volkseigentümlicher Betrieb). Hier gab es dasselbe Essen zu denselben Preisen wie nebenan im Seestern und im Reuterhaus, weshalb sich kein Koch sonderlich viele Gedanken unter seiner hohen Mütze machen musste. Und ab 1977 war die Küche sogar für geraume Zeit völlig kalt. Bei Reparaturarbeiten hatte man festgestellt, dass die Gebäudestatik inzwischen gravierende Mängel aufwies.

Dieses älteste Bürgerhaus der Hansestadt an der Ostsee hat seine Wurzeln im späten 14. Jahrhundert. Stadthistoriker gehen davon aus, dass es sich um das Eigentum eines wohlhabenden Kaufmanns handelte. Unten ging der Verkauf vonstatten, darüber lagen drei Geschosse zum Aufbewahren der Waren. Die Besitzer selbst wohnten in einem bescheideneren Fachwerkanbau. Eine spätere Teilung des Gebäudes führte dazu, dass hier 1878 zunächst nur der südliche, rechte Teil in ein Restaurant verwandelt wurde. Schon damals taufte Besitzer Frähke sein Lokal »Zum Alten Schweden«, eine Reminiszenz an die schwedischen Soldaten des Dreißigjährigen Krieges. Nach dessen Ende 1648 gehörte Wismar noch bis 1803 zur schwedischen Krone, und dies war wohl auch der Anlass für den blaublütigen Besuch im Alten Schweden am 29. April 1993. Damals nämlich speisten hier König Carl Gustav und seine Frau Silvia, belegt durch diverse Fotos im Eingangsbereich.

Ob adlig oder nicht, von diesem Vorzeigeobjekt der Backsteinarchitektur fühlt sich jeder bauhistorisch interessierte Mensch angezogen. Gotische Stufenfassaden aus bloßem Backstein, sogenannte Pfeilerstaffelgiebel, findet man nicht mehr allzu viele in Deutschland. Auch die liebevoll-detailgetreue Restaurierung des Innenraums betört, zumal es hier immer richtig gut schmeckt.

Adresse Am Markt 22, 23966 Wismar-Altstadt, www.alter-schwede-wismar.de | ÖPNV Vom Wismarer Bahnhof geht man etwa 10 Minuten zu Fuß. | Öffnungszeiten täglich ab 11.30 Uhr | Tipp Direkt gegenüber dem Alten Schweden am Markt liegt die berühmte Wismarer Wasserkunst.

110 Hoffmann-Haus

»Summ, summ, summ …«

Am 3. Februar 1667 erwarb der Bauherr Heinrich Wesche die »Kruggerechtsame«, also Schankerlaubnis für ein seit dem Dreißigjährigen Krieg brachliegendes Grundstück. Im gleichen Jahr wuchs dort ein Haus in die Höhe, für das 1688 erstmals ein Eigentümer des Namens Hoffmann notiert ist. 110 Jahre später, am 2. April 1798, wurde hier dem Gastwirt Heinrich Hoffmann ein zweiter Sohn geboren, den er auf den Namen August Heinrich taufte. Uns Heutigen ist er bekannt unter jenem Zusatz, den er sich zulegte, weil es so viele »Hoffmanns« gab: von Fallersleben. Und als Hoffmann von Fallersleben schrieb er dann auch – nicht hier, sondern auf Helgoland – das berühmte »Lied der Deutschen«.

Der heutige Vorort von Wolfsburg liegt an einer historischen Salzstraße, dort machte so manche Karawane Rast. Bis 1930 hieß das Lokal »Fallersleber Hof«, danach verfiel es. Umfangreiche Sanierungsmaßnahmen in den 1930ern und wieder in den frühen 1980ern retteten das Denkmal jedoch vor dem Ruin. Heutzutage bilden die aus verschiedenen Jahrhunderten stammenden Gebäude ein harmonisches Fachwerkensemble. Weit verzweigt präsentiert sich der Gaststättenbereich mit Steinklause, Kutscherstube und Jagdzimmer. Außerdem wird das Hoffmann-Haus nunmehr auch als Hotel betrieben, das immerhin 24 Zimmer bereithält.

Dass die Nazis nur die erste Strophe des »Lieds der Deutschen« als Nationalhymne sangen (»Deutschland über alles«), ist bekannt. Genauso, dass Schweini & Co. inzwischen die dritte intonieren (»Einigkeit und Recht und Freiheit«). Weniger geläufig ist, dass August Heinrich Hoffmann von Fallersleben auch für zahlreiche Kinderlieder verantwortlich zeichnet, darunter Evergreens wie »Alle Vögel sind schon da«, »Ein Männlein steht im Walde« und »Summ, summ, summ, Bienchen summ herum«. Die könnte man eigentlich mal wieder singen. Zum Beispiel im hübschen Biergarten des Hoffmann-Hauses.

Adresse Westerstraße 4, 38442 Wolfsburg-Fallersleben, www.hoffmannhaus.de | **ÖPNV** von Wolfsburg Hauptbahnhof aus Bus 180 bis Haltestelle Altes Brauhaus, Bus 204 bis Bahnhofstraße | **Öffnungszeiten** täglich ab 11 Uhr | **Tipp** Direkt nebenan im Schloss liegt das Fallersleben-Museum (www.wolfsburg-citytour.de).

111 Zum Stachel

Morgenstern und Widerstand

Wenn an exponierter Stelle der Hausfassade eine lebensgroße Figur prangt, muss es damit eine besondere Bewandtnis haben. Im Falle des Stachel geht diese auf den Bauernkrieg von 1525 zurück. Im Gressenhof, wie das Lokal damals noch hieß, hielten die Aufständischen ihre klandestinen Treffen ab. Als Erkennungszeichen diente ihnen ebenjener Morgenstern, den auch das angesprochene Wandbild zeigt. Nützen sollte den Landwirten ihre furchtbare Waffe nichts: Nach einem ersten Überraschungserfolg wurden sie besiegt und zu Hunderten auf dem nahen Marktplatz geköpft. Ihr Andenken jedoch lebt fort in ihrer einstigen Schänke, die nach den Zacken ihrer Wappenwaffe benannt wurde: »Stachelwirt«.

Jener Wirt wurde seinerzeit hart bestraft, weil er so manchen Bauern vor den Häschern versteckte. Allein wegen dieses Einsatzes für die Unterdrückten sollte man dem Stachel auch heute noch einen Besuch abstatten. Aber es gibt weitere Gründe, allen voran das historische Äußere dieses Hauses. Im Original erhalten ist das romanische Doppeltor aus der Stauferzeit. Dort hindurch gelangt man in den Innenhof mit seinem verschlungenen Ensemble aus Treppen, Balustraden, beblümten Mäuerchen und Vorsprüngen. Sehr treffend hieß es einmal im »Franken-Magazin«, dass man in diesem schönsten Biergarten der Stadt sofort an die Balkonszene aus »Romeo und Julia« denken müsse.

Seit im Jahr 1413 die Metzgersleute Rehlein (!) dieses Haus erwarben, dient es als Gasthof. An den Wiederaufbau nach dem Krieg ging man mit der konstruktiven Idee, den Schutt vor dem Abtransport nach erhalten gebliebenen Steinen zu durchsuchen und diese wieder mit zu vermauern. Das ebenfalls erhaltene Fürstbischofs-Porträt im Gastraum zeigt übrigens nicht den Bauernschlächter, sondern den späteren Johann Philipp von Schönborn (1605–1673). Und der war ein Liberaler, mit dem man ruhig mal einen Schoppen trinken kann.

Adresse Gressengasse 1, 97070 Würzburg-Altstadt, www.weinhaus-stachel.de | **ÖPNV** Bahn 2 bis Haltestelle Mainaustraße, Bahn 3 bis Haltestelle Würzburg-Dom | **Öffnungszeiten** Di–Sa ab 11 Uhr | **Tipp** An der Tellsteige steht das Würzburger Bauernkriegsdenkmal.

Dänemark
Schleswig-Holstein
Nordsee
Kanal
Ostsee-
Nord-
Büsum
Glückstadt
HAMBURG
Buxtehude
Krummhörn
Aurich
Emden
Oldenburg
BREMEN
Lüneb
Ems
Weser
Niedersachsen
Niederlande
Lingen (Ems)
HANNOVER
Mittellandkanal
Osnabrück
Braunschw
Hameln
Hildesheim
Bielefeld
Münster
Gütersloh
Go
Nordrhein-
Westfalen
Rhein
Ruhr
Götting
Krefeld
DÜSSEL-
DORF
M.-Glad-
bach
Lüdenscheid
Kassel
Fulda
Köln
Lindlar
Hessen
Lahn
Aachen
Marburg
Eisen
Bonn
Gießen
Fulda
A7
A23
A1
A28
A2
A31
A57
A44
A61
A4
A3
A5
19
58
40
47
48
20
64
7
29
86
18
69
50
87
49
14
83
46
44
57
76
39
38

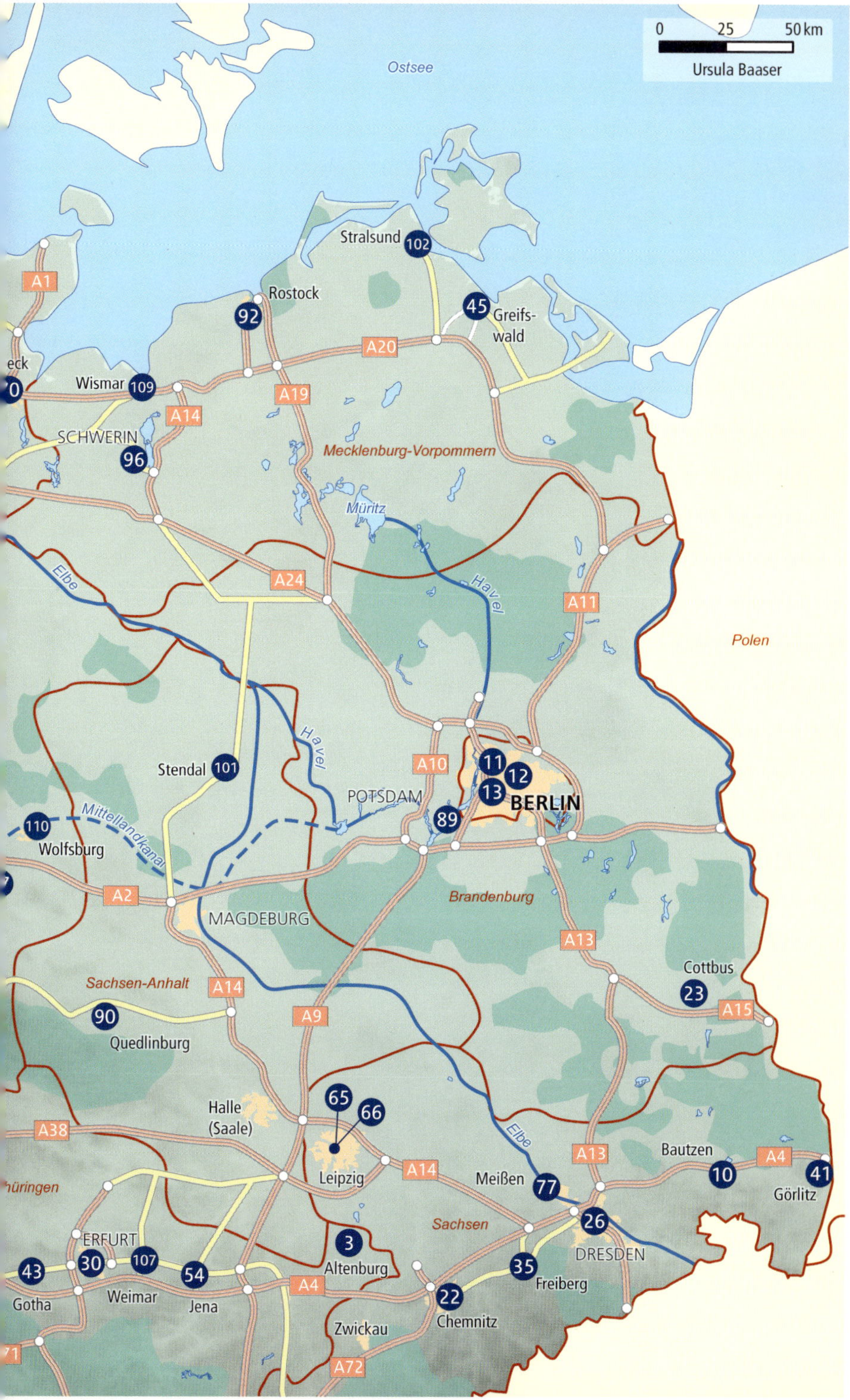

0 25 50 km
Ursula Baaser
Ostsee
Stralsund 102
Rostock
92
45 Greifs-
wald
A1
A20
eck
Wismar 109
A19
A14
SCHWERIN
96
Mecklenburg-Vorpommern
Müritz
Elbe
Havel
A24
A11
Polen
Havel
Stendal 101
A10
11
12
13
BERLIN
POTSDAM
89
Mittellandkanal
110
Wolfsburg
A2
MAGDEBURG
Brandenburg
A13
Cottbus
23
Sachsen-Anhalt
A14
A9
A15
90
Quedlinburg
Halle
(Saale)
65
66
A38
Leipzig
A14
Elbe
A13
Bautzen
A4
Meißen
77
10
41
Görlitz
hüringen
26
Sachsen
DRESDEN
ERFURT
3
Altenburg
43
30
107
54
35
Freiberg
Gotha
Weimar
Jena
A4
22
Chemnitz
Zwickau
A72

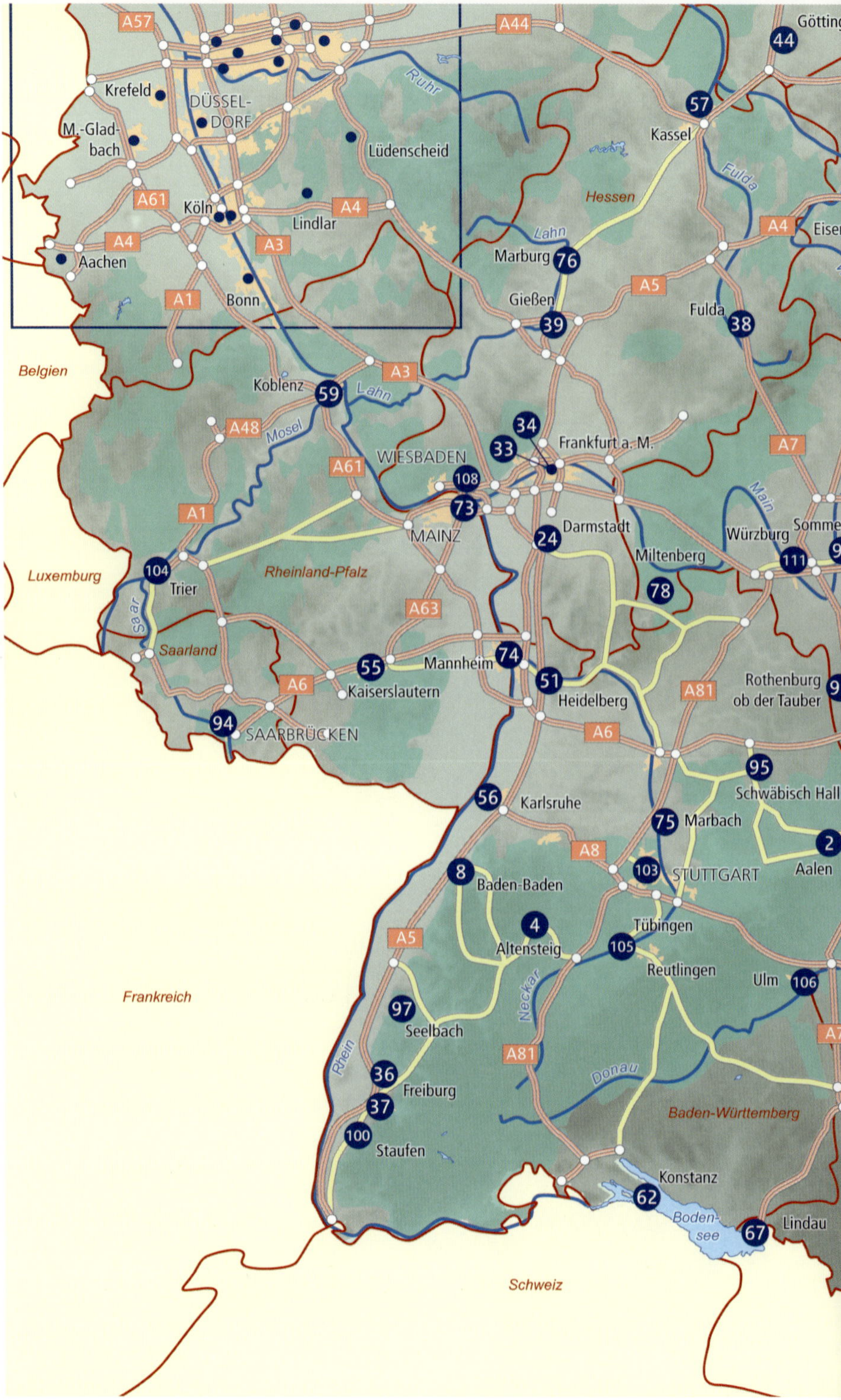
A57
A44
Göttin
44
Krefeld
DÜSSEL-
DORF
M.-Glad-
bach
Lüdenscheid
57
Kassel
Ruhr
Fulda
Hessen
A61
Köln
A4
Lindlar
A4
Eiser
A4
Aachen
A3
Lahn
Marburg
76
A5
Gießen
A1
Bonn
Fulda
38
39
Belgien
A3
Koblenz
59
Lahn
34
A48
Mosel
33
Frankfurt a. M.
A7
WIESBADEN
A61
108
Main
A1
73
Darmstadt
Würzburg
Sommer
MAINZ
24
Miltenberg
Luxemburg
104
111
Trier
Rheinland-Pfalz
78
Saar
A63
Saarland
74
Mannheim
55
51
Rothenburg
ob der Tauber
A6
Kaiserslautern
A81
Heidelberg
94
SAARBRÜCKEN
A6
95
Schwäbisch Hall
56
Karlsruhe
75
Marbach
2
A8
Aalen
8
103
STUTTGART
Baden-Baden
4
Tübingen
A5
Altensteig
105
Reutlingen
Ulm
106
Neckar
97
A7
Seelbach
A81
Rhein
36
Donau
Frankreich
Freiburg
37
Baden-Württemberg
100
Staufen
Konstanz
62
Boden-
see
67
Lindau
Schweiz

Halle (Saale)
Leipzig
Thüringen
ERFURT
Gotha
Weimar
Jena
Altenburg
Zwickau
Chemnitz
Sachsen
Meißen
Bautzen
Görlitz
DRESDEN
Freiberg
Elbe
A38
A14
A13
A4
A72
A71
A73
A9
A70
A3
A6
A93
A92
A8
A99
A96
A95
Main
Bamberg
Nürnberg
Tschechische Republik
Regensburg
Sinzing
Main-Donau-Kanal
Bayern
Ingolstadt
Donau
Passau
Isar
Altomünster
Augsburg
Ering
Inn
MÜNCHEN
Andechs
Chiemsee
Österreich
0 25 50 km
Ursula Baaser

Goch
A57
A3
Rhein
Nordrhein-Westfalen
Geldern
Dinslaken
Oberhausen
85
Kamp-
Lintfort
Moers
80
A40
Duisburg
0 5 10 km
Ursula Baaser
Krefeld
63
A61
Viersen
DÜSSELDORF
27
A52
Neuss
Niederlande
79
Mönchen-
gladbach
Erkelenz
A57
Heinsberg
A46
Rur
A61
A44
Bergheim
Köln
60
Kerpen
A4
Aachen
Düren
Erftstadt
1
Stolberg
Belgien
Euskirchen
A1
A6